TOSEL®

STARTER

International
TOSEL
Committee

VOCA 1

CONTENTS

Starter

TOSEL® Level Chart TOSEL 단계표

COCOON
아이들이 접할 수 있는 공식 인증 시험의 첫 단계로써, 아이들의 부담을 줄이고 즐겁게 흥미를 유발할 수 있도록 컬러풀한 색상과 디자인으로 시험지를 구성하였습니다.

Pre-STARTER
친숙한 주제에 대한 단어, 짧은 대화, 짧은 문장을 사용한 기본적인 문장표현 능력을 측정합니다.

STARTER
흔히 접할 수 있는 주제와 상황과 관련된 주제에 대한 짧은 대화 및 짧은 문장을 이해하고 일상생활 대화에 참여하며 실질적인 영어 기초 의사소통 능력을 측정합니다.

BASIC
개인 정보와 일상 활동, 미래 계획, 과거의 경험에 대해 구어와 문어의 형태로 의사소통을 할 수 있는 능력을 측정합니다.

JUNIOR
일반적인 주제와 상황을 다루는 회화와 짧은 단락, 실용문, 짧은 연설 등을 이해하고 간단한 일상 대화에 참여하는 능력을 측정합니다.

HIGH JUNIOR
넓은 범위의 사회적, 학문적 주제에서 영어를 유창하고 정확하게, 효과적으로 사용할 수 있는 능력 및 중문과 복잡한 문장을 포함한 다양한 문장구조의 사용 능력을 측정합니다.

ADVANCED
대학 및 대학원에서 요구되는 영어능력과 취업 또는 직업근무환경에 필요한 실용영어 능력을 측정합니다.

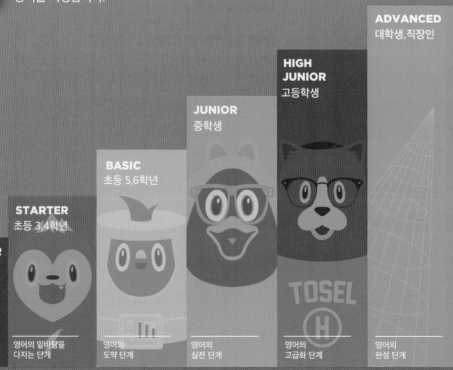

COCOON
유치원생
영어의 첫 걸음 단계

Pre-STARTER
초등 1,2학년
영어를 시작하는 단계

STARTER
초등 3,4학년
영어의 밑비탕을 다지는 단계

BASIC
초등 5,6학년
영어의 도약 단계

JUNIOR
중학생
영어의 실전 단계

HIGH JUNIOR
고등학생
영어의 고급화 단계

ADVANCED
대학생,직장인
영어의 완성 단계

TOSEL
교재 Series

TOSEL LEVEL	Age	Vocabulary Frequency	Readability Score	교과 과정 연계	VOCA	Reading	Listening	Grammar
Cocoon	K5-K7	500	0-1	Who is he? (국어 1단원 1-1)	150	Picking Pumpkins (Phonics Story)	Phonics	There is · There are
Pre-Starter	P1-P2	700		How old are you? (통합교과 1-1)	300	Me & My Family (Reading series Ch.1)	묘사하기	be + adjective
Starter	P3-P4	1000-2000	1-2	Spring, Summer, Fall, Winter (통합교과 3-1)	800	Ask More Questions (Reading Series Ch.1)	날씨/시간 표현	Simple Present
Basic	P5-P6	3000-4000	3-4	Show and Tell (사회 5-1)	1700	Culture (Reading Series Ch.3)	상대방 의견 묻고 답하기	Superlative
Junior	M1-M2	5000-6000	5-6	중 1, 2 과학, 기술가정	4000	Humans and Animals (Reading Series Ch.1)	정보 묻고 답하기	to-infinitive
High Junior	H1-H3			고등학교 - 체육	7000	Health (Reading Series Ch.1)	사건 묘사하기	2nd Conditional

■ TOSEL의 세분화된 레벨은 각 연령에 맞는 어휘와 읽기 지능 및 교과 과정과의 연계가
가능하도록 설계된 교재들로 효과적인 학습 커리큘럼을 제공합니다.

■ TOSEL의 커리큘럼에 따른 학습은
정확한 레벨링 → 레벨에 적합한 학습 → 영어 능력 인증 시험 TOSEL에서의 공신력 있는 평가를 통해
진단 → 학습 → 평가의 선순환 구조를 실현합니다.

About TOSEL ® —————— **TOSEL에 대하여**

TOSEL은 각급 학교 교과과정과 연령별 인지단계를 고려하여 단계별 난이도와 문항으로
영어 숙달 정도를 측정하는 영어 사용자 중심의 맞춤식 영어능력인증 시험제도입니다.
평가유형에 따른 개인별 장점과 단점을 파악하고, 개인별 영어학습 방향을 제시하는 성적분석자료를 제공하여
영어능력 종합검진 서비스를 제공함으로써 영어 사용자인 소비자와
영어능력 평가를 토대로 영어교육을 담당하는 교사 및 기관 인사관리자인 공급자를
모두 만족시키는 영어능력인증 평가입니다.

TOSEL은 인지적-학문적 언어 사용의 유창성 (Cognitive-Academic Language Proficiency, CALP)과
기본적-개인적 의사소통능력 (Basic Interpersonal Communication Skill, BICS)을
엄밀히 구분하여 수험자의 언어능력을 가장 친밀하게 평가하는 시험입니다.

대상	목적	용도
유아, 초, 중, 고등학생, 대학생 및 직장인 등 성인	한국인의 영어구사능력 증진과 비영어권 국가의 영어 사용자의 영어구사능력 증진	실질적인 영어구사능력 평가 + 입학전형 및 인재선발 등에 활용 및 직무역량별 인재 배치

연혁

2002.02	국제토셀위원휘 창설 (수능출제위원역임 전국대학 영어전공교수진 중심)
2004.09	TOSEL 고려대학교 국제어학원 공동인증시험 실시
2006.04	EBS 한국교육방송공사 주관기관 참여
2006.05	민족사관고등학교 입학전형에 반영
2008.12	고려대학교 편입학시험 TOSEL 유형으로 대체
2009.01	서울시 공무원 근무평정에 TOSEL 점수 가산점 부여
2009.01	전국 대부분 외고, 자사고 입학전형에 TOSEL 반영 (한영외국어고등학교, 한일고등학교, 고양외국어고등학교, 과천외국어고등학교, 김포외국어고등학교, 명지외국어고등학교, 부산국제외국어고등학교, 부일외국어 고등학교, 성남외국어고등학교, 인천외국어고등학교, 전북외국어고등학교, 대전외국어고등학교, 청주외국어고등학교, 강원외국어고등학교, 전남외국어고등학교)
2009.12	청심국제중·고등학교 입학전형 TOSEL 반영
2009.12	한국외국어교육학회, 팬코리아영어교육학회, 한국음성학회, 한국응용언어학회 TOSEL 인증
2010.03	고려대학교, TOSEL 출제기관 및 공동 인증기관으로 참여
2010.07	경찰청 공무원 임용 TOSEL 성적 가산점 부여
2014.04	전국 200개 초등학교 단체 응시 실시
2017.03	중앙일보 주관기관 참여
2018.11	관공서, 대기업 등 100여 개 기관에서 TOSEL 반영
2019.06	미얀마 TOSEL 도입 발족식 베트남 TOSEL 도입 협약식
2019.11	고려대학교 편입학전형 반영
2020.06	국토교통부 국가자격시험 TOSEL 반영
2021.07	소방청 간부후보생 선발시험 TOSEL 반영
2021.11	고려대학교 공과대학 기계학습·빅데이터 연구원 AI 연구 협약
2022.05	AI 영어학습 플랫폼 TOSEL Lab 공개
2023.11	고려대학교 경영대학 전국 고등학생 대상 정기캠퍼스 투어 프로그램 후원기관 참여
2024.01	제1회 TOSEL VOCA 올림피아드 실시
2024.03	고려대학교 미래교육원 TOSEL 전문가과정 개설 대한민국 인사혁신처 어학성적 사전등록 토셀 지정

What's TOSEL?

"Test of Skills in the English Language"

TOSEL은 비영어권 국가의 영어 사용자를 대상으로 영어구사능력을 측정하여
그 결과를 공식 인증하는 영어능력인증 시험제도입니다.

영어 사용자 중심의 맞춤식 영어능력 인증 시험제도

맞춤식 평가

**획일적인 평가에서
세분화된 평가로의 전환**

TOSEL은 응시자의 연령별 인지단계에
따라 별도의 문항과 난이도를 적용하여
평가함으로써 평가의 목적과 용도에
적합한 평가 시스템을
구축하였습니다.

공정성과 신뢰성 확보

국제토셀위원회의 역할

TOSEL은 고려대학교가 출제 및 인증기관
으로 참여하였고 대학입학수학능력시험
출제위원 교수들이 중심이 된
국제토셀위원회가 주관하여
사회적 공정성과 신뢰성을 확보한
평가 제도입니다.

수입대체 효과

외화유출 차단 및 국위선양

TOSEL은 해외시험응시로 인한 외화의
유출을 막는 수입대체의 효과를 기대할 수
있습니다. TOSEL의 문항과 시험제도는
비영어권 국가에 수출하여 국위선양에
기여하고 있습니다.

Why TOSEL

왜 TOSEL인가

01 학교 시험 폐지

일선 학교에서 중간, 기말고사 폐지로 인해 객관적인 영어 평가 제도의 부재가 우려됩니다. 그러나 전국단위로 연간 4번 시행되는 TOSEL 평가시험을 통해 학생들은 정확한 역량과 체계적인 학습방향을 꾸준히 진단받을 수 있습니다.

02 연령별/단계별 대비로 영어학습 점검

TOSEL은 응시자의 연령별 인지단계 및 영어 학습 단계에 따라 총 7단계로 구성되었습니다. 각 단계에 알맞은 문항유형과 난이도를 적용해 모든 연령 및 학습 과정에 맞추어 가장 효율적으로 영어실력을 평가할 수 있도록 개발된 영어시험입니다.

03 학교내신성적 향상

TOSEL은 학년별 교과과정과 연계하여 학교에서 배우는 내용을 학습하고 평가할 수 있도록 문항 및 주제를 구성하여 내신영어 향상을 위한 최적의 솔루션을 제공합니다.

04 수능대비 직결

유아, 초, 중등시절 어렵지 않고 즐겁게 학습해 온 영어이지만, 수능시험준비를 위해 접하는 영어의 문항 및 유형 난이도에 주춤하게 됩니다. 이를 대비하기 위해 TOSEL은 유아부터 성인까지 점진적인 학습을 통해 수능대비를 자연적으로 해나갈 수 있습니다.

05 진학과 취업에 대비한 필수 스펙관리

개인별 '학업성취기록부' 발급을 통해 영어학업성취이력을 꾸준히 기록한 영어학습 포트폴리오를 제공하여 영어학습 이력을 관리할 수 있습니다.

06 자기소개서에 토셀 기재

개별적인 진로 적성 Report를 제공하여 진로를 파악하고 자기소개서 작성시 적극적으로 활용할 수 있는 객관적인 자료를 제공합니다.

07 영어학습 동기부여

시험실시 후 응시자 모두에게 수여되는 인증서는 영어학습에 대한 자신감과 성취감을 고취시키고 동기를 부여합니다.

08 AI 분석 영어학습 솔루션

국내외 15,000여 개 학교·학원 단체 응시인원 중 엄선한 100만 명 이상의 실제 TOSEL 성적 데이터를 기반으로 영어인증시험 제도 중 세계 최초로 인공지능이 분석한 개인별 AI 정밀 진단 성적표를 제공합니다. 최첨단 AI 정밀진단 성적표는 최적의 영어 학습 솔루션을 제시하여 영어 학습에 소요되는 시간과 노력을 획기적으로 절감해줍니다.

09 명예의 전당, 우수협력기관 지정

우수교육기관은 'TOSEL 우수 협력 기관'에 지정되고, 각 시/도별, 최고득점자를 명예의 전당에 등재합니다.

Evaluation ——————— 평가

평가의 기본원칙
TOSEL은 PBT(Paper Based Test)를 통하여 간접평가와 직접평가를 모두 시행합니다.

TOSEL은 언어의 네 가지 요소인 읽기, 듣기, 말하기, 쓰기 영역을 모두 평가합니다..

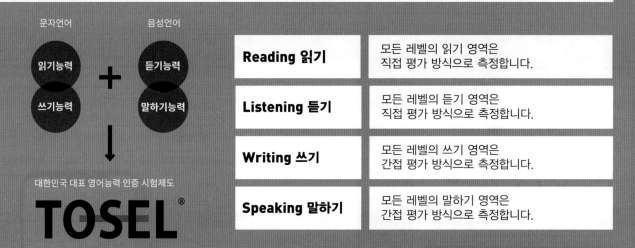

Reading 읽기	모든 레벨의 읽기 영역은 직접 평가 방식으로 측정합니다.
Listening 듣기	모든 레벨의 듣기 영역은 직접 평가 방식으로 측정합니다.
Writing 쓰기	모든 레벨의 쓰기 영역은 간접 평가 방식으로 측정합니다.
Speaking 말하기	모든 레벨의 말하기 영역은 간접 평가 방식으로 측정합니다.

문자언어: 읽기능력 / 쓰기능력
음성언어: 듣기능력 / 말하기능력

대한민국 대표 영어능력 인증 시험제도
TOSEL®

TOSEL은 연령별 인지단계를 고려하여 아래와 같이 7단계로 나누어 평가합니다.

1 단계	TOSEL® COCOON	5~7세의 미취학 아동
2 단계	TOSEL® Pre-STARTER	초등학교 1~2학년
3 단계	TOSEL® STARTER	초등학교 3~4학년
4 단계	TOSEL® BASIC	초등학교 5~6학년
5 단계	TOSEL® JUNIOR	중학생
6 단계	TOSEL® HIGH JUNIOR	고등학생
7 단계	TOSEL® ADVANCED	대학생 및 성인

Grade Report ——————— 성적표 및 인증서

고도화 성적표: 응시자 개인별 최적화 AI 정밀진단

20여년간 축적된 약 100만명 이상의 엄선된 응시자 빅데이터를 TOSEL AI로 분석·진단한 개인별 성적자료

전국 단위 연령, 레벨 통계자료를 활용하여 보다 정밀한 성취 수준 판별
파트별 강/약점, 영역별 역량, 8가지 지능, 단어 수준 등을 비교 및 분석하여 폭넓은 학습 진단
오답 문항 유형별 심층 분석 자료 및 솔루션으로 학습 방향 제시, TOSEL과 수능 및 교과학습 성취기준과의 연계
모바일 기기 지원 - UX/UI 개선, 반응형 웹페이지로 구현되어 태블릿, 휴대폰, PC 등 다양한 기기 환경에서 접근 가능

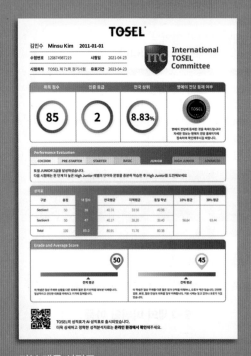

기본 제공 성적표

고도화 성적표 (일부 유료)

단체 성적 분석 자료

단체 및 기관 대상

- 레벨별 평균성적추이, 학생분포
  섹션 및 영역별 평균 점수, 표준편차

TOSEL Lab 지정교육기관 대상 추가 제공

- 원생 별 취약영역 분석 및 보강방안 제시
- TOSEL수험심리척도를 바탕으로 학생의 응답 특이성을
  파악하여 코칭 방안 제시
- 전국 및 지역 단위 종합적 비교분석
  (레벨/유형별 응시자 연령 및 규모, 최고득점 등)

'토셀 명예의 전당' 등재

특별시, 광역시, 도 별 **1등 선발**
(7개시 9개도 **1등 선발**)

*홈페이지 로그인 - 시험결과 - 명예의 전당에서
 해당자 등재 증명서 출력 가능

'학업성취기록부'에 토셀 인증등급 기재

개인별 **'학업성취기록부'** 평생 발급
진학과 취업을 대비한 **필수 스펙관리**

인증서

대한민국 초,중,고등학생의 영어숙달능력 평가 결과 공식인증

고려대학교 인증획득 (2010. 03)

한국외국어교육학회 인증획득 (2009. 12)

한국음성학회 인증획득 (2009. 12)

한국응용언어학회 인증획득 (2009. 11)

팬코리아영어교육학회 인증획득 (2009. 10)

Voca Series

TOSEL 시험을 기준으로 빈출 지표를 활용한 단어 선정 및 예문과 문제 구성

TOSEL 시험에 출제된 빈출 단어를 기준으로 단어 선정	TOSEL 시험에 활용된 문장을 사용하여 예문과 문제를 구성	TOSEL 기출 문제 풀이를 통한 TOSEL 및 실전 영어 시험 대비 학습

세분화된 레벨링

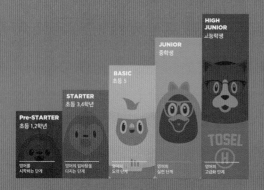

20년 간 대한민국 영어 평가 기관으로서

연간 4회 전국적으로 실시되는 정기시험에서

축적된 성적 데이터를 기반으로

정확하고 세분화된 레벨링을 통한

영어 학습 콘텐츠 개발

언어의 4대 영역 균형 학습

1   TOSEL 평가: 학생의 영어 능력을 정확하게 평가

2   결과 분석 및 진단: 시험 점수와 결과를 분석하여 학생의 강점, 취약점, 학습자 특성 등을 객관적으로 진단

3   학습 방향 제시: 객관적 진단 데이터를 기반으로 학습자 특성에 맞는 학습 방향 제시 및 목표 설정

4   학습: 제시된 방향과 목표에 따라 학생에게 적합한 어휘 학습법 소개 및 단어 암기 훈련

5   학습 목표 달성: 학습 후 다시 평가를 통해 목표 달성 여부 확인 및 성장을 위한 다음 학습 목표 설정

Voca Series ———————— Level

TOSEL의 Voca Series는 레벨에 맞게 단계적으로
단어를 학습할 수 있도록 구성되어 있습니다.

Pre-Starter	Starter	Basic	Junior	High Junior

- 그림을 활용하여 단어에 대한 이해도 향상
- 다양한 활동을 통해 단어 반복 학습 유도
- TOSEL 기출 문제 연습을 통한 실전 대비

- TOSEL 기출의 빈도수를 활용한 단어 선정으로 효율적 학습
- 실제 TOSEL 지문의 예문을 활용한 실용적 학습 제공
- TOSEL 기출 문제 연습을 통한 실전 대비

최신 수능 출제
단어를 포함하여
수능 대비 가능

TOSEL LEVEL	PS	S	B	J	HJ
총 단어 수	300	500	900	2300	3000
누적 단어 수	300	800	1700	4000	7000
권 수	1권	1권	2권	2권	2권
하루 단어 암기량	20	30	30	30	30
목차 구성	15 units	15 units	30 days	70 days	100 days
unit 당 학습 기간	3일	3일	3일	2일	2일
총 학습 기간 (1권 / 2권)	45일 (약1.5개월)	45일 (약 1.5개월)	45일 / 90일 (2권 총합 약 2개월)	70일 / 140일 (2권 총합 약 4개월)	100일 / 200일 (2권 총합 약 6개월)

50분 학습 Guideline

01 💡 Preview
2분

- 그림으로 해당 단원에서 학습할 단어를 미리 학습
- 관련 질문에 대하여 학생들이 기존에 알고 있는 단어 혹은 그림을 참고하여 영어 단어 형태로 답할 수 있도록 학습

02 📖 Pre-Question

What are you wearing now?
지금 무엇을 입고 있나요?

What are your favorite clothes?
당신이 가장 좋아하는 옷은 무엇인가요?

Pre-Question 예시

What are you wearing now?
지금 무엇을 입고 있나요?

What are your favorite clothes?
당신이 가장 좋아하는 옷은 무엇인가요?

What do you want to be?
장래희망이 무엇인가요?

05 ✏️ Part C. Warm Up
3분

- 빈도수가 높은 주요 단어 위주로 writing activity를 추가하여 쓰기 학습 지도
- 단어를 소리 내어 읽으며, 점선에 따라 스펠링을 쓰도록 지도하기

06 📖 Part D. Exercise
10분

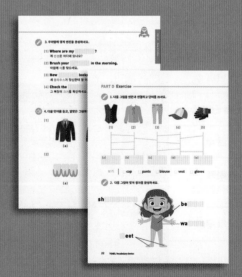

- Word game의 경우, 함께 문제를 풀며 학생들이 즐겁게 단어를 학습할 수 있도록 유도하기
- 해당 단어 표현에 대해서는 우리말 보다는 영어로 말할 수 있도록 지도하기
- 문제의 정답률 보다는 단어의 활용에 초점을 두어 교수하기

03

Part A. New words
5분

- ■ QR코드를 활용하여 단어의 올바른 발음 듣기
- ■ 그림을 보고 소리내어 읽으면서 단어 학습
- ■ 단어의 구체적 의미보다는 발음과 스펠링에 집중하여 학습

04

Part B. Meaning
10분

- ■ 단어의 스펠링과 우리말 뜻에 유의하며 학습
- ■ 한 번 읽어본 이후에는 우리말 뜻을 가리고 학습하며 단어의 의미 상기하기
- ■ 출제 빈도 표시 추가 (TOSEL 지문을 분석)

07

Self Test
10분

08

TOSEL 실전문제
10분

- ■ 실제 TOSEL 기출 문제를 통한 실전 대비 학습
- ■ 실제 시험 시간과 유사하게 풀이할 수 있도록 지도하기
- ■ 틀린 문제에 대해서는 해당 단원에서 복습하도록 지도하기

CHAPTER 01

Unit 01

🎧 Track 01-1

Body & Clothes
신체 & 의류

What are you wearing now?
지금 무엇을 입고 있나요?

What are your favorite clothes?
당신이 가장 좋아하는 옷은 무엇인가요?

그림을 보면서, 단어를 따라 읽으세요.

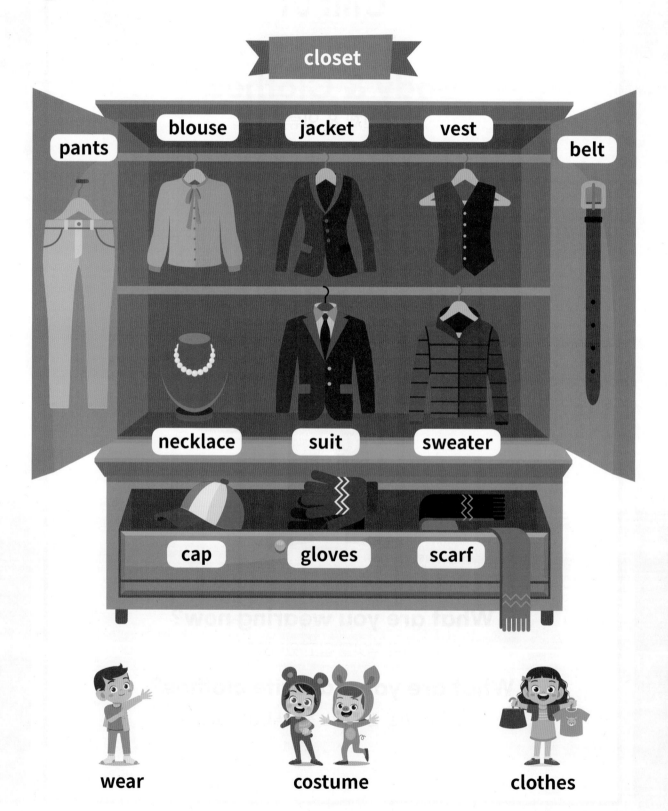

closet

pants

blouse

jacket

vest

belt

necklace

suit

sweater

cap

gloves

scarf

wear

costume

clothes

glasses

beard

mustache

cheek

skin

finger

throat

lip

tongue

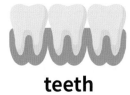

teeth

belly

shoulder

waist

feet

size

PART B Meaning

 우리말과 함께 단어를 학습해보세요.

★★★

teeth 이 (tooth의 복수)

★★★

clothes 옷

★★★

wear 입고 있다

★★★

glasses 안경

★★

closet 옷장

★★

jacket 재킷

★★

pants 바지

★★

belt 벨트

★★

gloves 장갑

★★

beard 턱수염

★★

feet 발(foot의 복수)

★

skin 피부

★

finger 손가락

★

belly 배

★

mustache 콧수염

★

costume (연극,영화 등) 의상

★

scarf 목도리

★

sweater 스웨터

★

size 크기, 치수

cheek 볼, 뺨

tongue 혀

throat 목구멍, 목

lip 입술

shoulder 어깨

waist 허리

cap 모자

suit 정장

blouse 블라우스

vest 조끼

necklace 목걸이

PART C **Warm Up**

 중요한 단어를 쓰면서 연습해보세요.

teeth
이 (tooth의 복수)

clothes
옷

wear
입고 있다

glasses
안경

closet
옷장

jacket
재킷

pants
바지

belt
벨트

1. 다음 그림을 빈칸과 연결하고 단어를 쓰세요.

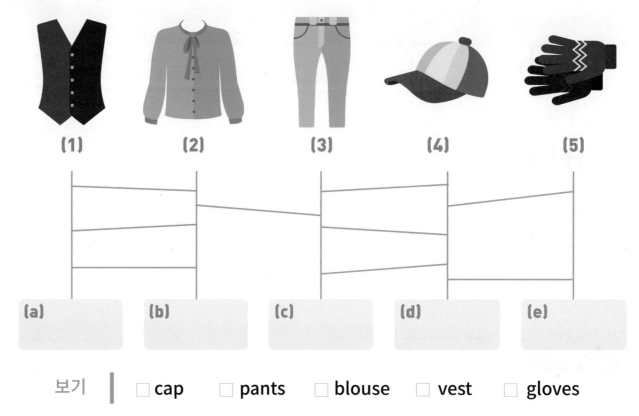

(1)　　　(2)　　　(3)　　　(4)　　　(5)

(a)　　　(b)　　　(c)　　　(d)　　　(e)

보기　|　☐ cap　　☐ pants　　☐ blouse　　☐ vest　　☐ gloves

 2. 다음 그림에 맞게 철자를 완성하세요.

sh☐☐☐☐☐☐

be☐☐☐

wa☐☐☐

☐eet

3. 우리말에 맞게 빈칸을 완성하세요.

(1) Where are my   **?**
제 **안경**은 어디에 있나요?

(2) Brush your   **in the morning.**
아침에 **이**를 닦으세요.

(3) New   **looks good on you.**
새 **블라우스**가 당신한테 잘 어울립니다.

(4) Check the   **of the costume.**
그 복장의 **크기**를 확인하세요.

 4. 다음 단어를 듣고, 알맞은 그림에 O표 하세요.

🎧 Track 01-3

(1)

(a)

(b)

(c)

(2)

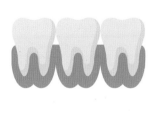

(a)

(b)

(c)

SELF TEST

1 다음 영어를 우리말로, 우리말을 영어로 쓰세요.

01	costume		09		크기, 치수
02		턱수염	10	suit	
03	skin		11	belly	
04	necklace		12		입술
05		바지	13	mustache	
06	tongue		14		어깨
07		허리	15	vest	
08	closet		16		스웨터

2 우리말에 맞게 문장을 완성하세요.

01 나는 콧물이 나오고 목이 아파요.

I have a runny nose and a sore _____.

02 밖은 추워요. 장갑과 목도리를 착용하세요.

It's cold outside. Wear your _____ and a _____.

Unit 02

Jobs
직업

What do you want to be?
장래희망이 무엇인가요?

I want to be a lawyer.
나는 변호사가 되고 싶습니다.

그림을 보면서, 단어를 따라 읽으세요.

people

famous

scientist

dentist

soccer player

police officer

singer

writer

baker

musician

firefighter

dream

role

office

wedding

person

soldier

mail carrier

model

king

queen

farmer

lawyer

banker

vet

engineer

president

busy

parents

son

우리말과 함께 단어를 학습해보세요.

★★★
people 사람들

★★★
parents 부모

★★★
scientist 과학자

★★★
dentist 치과의사

★★
soccer player 축구선수

★★
police officer 경찰관

★★
singer 가수

★★
writer 작가

★★
baker 제빵사

★★
musician 음악가

★★
firefighter 소방관

★★
dream 꿈, 꿈을 꾸다

★★
role 역할

★★
office 사무실

★★
wedding 결혼

★
person 사람

★
soldier 군인

★
mail carrier 우편 집배원

★
model (패션)모델

★
king 왕

queen 여왕

farmer 농부

lawyer 변호사

banker 은행원

vet 수의사

engineer 기술자, 수리공

president 대통령, 회장

busy 바쁜

famous 유명한

son 아들

PART C Warm Up

 중요한 단어를 쓰면서 연습해보세요.

people
사람들

parents
부모

scientist
과학자

dentist
치과의사

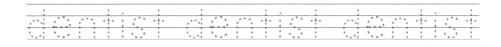

singer
가수

writer
작가

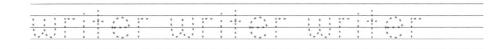

baker
제빵사

dream
꿈, 꿈을 꾸다

1. 다음 그림에 맞는 단어를 찾아 연결하세요.

(1)

soldier

(2)

king

(3)

engineer

(4)

lawyer

(5)

scientist

(6)

model

2. 다음 단어를 듣고, 알맞은 그림에 O표 하세요.

🎧 Track 02-3

(1)

(a)   (b)   (c)

(2)

(a)   (b)   (c)

 3. 다음 그림에 맞게 빈칸을 완성하세요.

(1)

(2)

The _____ plays the guitar.

They are my _____ .

SELF TEST

1 다음 영어를 우리말로, 우리말을 영어로 쓰세요.

01 _____ 왕

02 office _____

03 person _____

04 _____ 경찰관

05 banker _____

06 _____ 역할

07 parents _____

08 _____ 대통령, 회장

09 _____ 음악가

10 _____ 결혼

11 engineer _____

12 _____ 수의사

13 baker _____

14 _____ 바쁜

15 _____ 변호사

16 farmer _____

2 우리말에 맞게 문장을 완성하세요.

01 그의 꿈은 소방관이 되는 것입니다.

His _____ is to be a _____ .

02 그녀는 유명한 가수입니다.

She is a _____ _____ .

Unit 03

Emotion & Expression
감정 & 표현

How are you feeling today?
오늘 기분이 어떤가요?

I feel great today.
오늘 기분이 좋습니다.

그림을 보면서, 단어를 따라 읽으세요.

fun

love

best

please

clean

cute

dirty

feel

pretty

strong

nice

kind

great

little

careful

sleepy

weak

hate

loud

excited

ugly

brave

bored

healthy

fine

tired

glad

alone

age

worry

우리말과 함께 단어를 학습해보세요.

★★★
fun   즐거운, 재미

★★
nice   좋은, 멋진

★
loud   (소리가) 큰
시끄러운

★★★
love   사랑하다, 사랑

★★
kind   친절한

★
healthy   건강한

★★★
best   최고의

★★
great   대단한, 엄청난

★
fine   좋은

★★★
please   제발

★★
feel   [감정을] 느끼다

★
bored   지루한

★★★
clean   깨끗한
청소하다

★★
careful   조심하는
주의 깊은

★
brave   용감한

★★★
cute   귀여운

★★
sleepy   졸린
졸음이 오는

★
age   나이

★★★
dirty   더러운

★★
hate   미워하다

worry   걱정하다

★★★
little   작은

★★
excited   신이 난, 들뜬

weak   약한

★★★
pretty   예쁜

★★
ugly   못생긴

glad   기쁜

★★
strong   강한, 튼튼한

★
alone   혼자, 외로운

tired   피곤한

PART C Warm Up

 중요한 단어를 쓰면서 연습해보세요.

fun
즐거운, 재미

love
사랑하다, 사랑

best
최고의

please
제발

clean
깨끗한, 청소하다

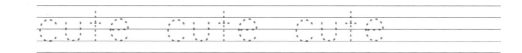

cute
귀여운

dirty
더러운

little
작은

PART D Exercise

 1. 다음 그림에 알맞게 퍼즐을 완성하세요.

 2. 다음 단어에 알맞은 그림에 O표 하세요.

(1) **strong**

(a)   (b)

(2) **pretty**

(a)   (b)

3. 다음 그림을 보고, 문장에 알맞게 빈칸을 채우세요.

(1)

I [   ] about you because you are sick.

(2)

I [   ] my grandfather.

 4. 다음 단어를 듣고, 알맞은 그림에 O표 하세요.

🎧 Track 03-3

(1)

(a)

(b)

(c)

(2)

(a)

(b)

(c)

SELF TEST

❶ 다음 영어를 우리말로, 우리말을 영어로 쓰세요.

01	loud		09	careful	
02		건강한	10	fun	
03	strong		11		대단한, 엄청난
04		혼자, 외로운	12		작은
05		피곤한	13	age	
06	love		14		용감한
07		친절한	15	clean	
08	excited		16		최고의

❷ 우리말에 맞게 문장을 완성하세요.

01 나는 당신을 보게 되어서 기쁩니다.

I'm   to see you.

02 제발 당신의 방을 치워주세요. 그곳은 너무 더러워요.

               clean your room. It's so   .

TOSEL 실전문제 ①

QR코드를 인식시키면
음원이 재생됩니다

PART C. Listen and Retell

DIRECTIONS: For questions 1 and 2, listen to short conversations and choose the BEST answer for each question. The conversations will be spoken **TWICE.**

지시 사항: 1번부터 2번까지는 짧은 대화를 듣고, 주어진 질문에 가장 알맞은 그림을 고르는 문제입니다. 지문은 **두 번씩** 들려줍니다.

● 2019 TOSEL 기출

1. What does the girl want to be?

(A)

(B)

(C)

2. What is the girl looking for?

(A)

(B)

(C)

SECTION II. Reading and Writing

PART B. Situational Writing

DIRECTIONS: For questions 3 to 5, look at the pictures and complete the sentences. Choose the option that BEST completes each sentence.

지시 사항: 3번부터 5번까지는 그림을 보고 문장을 완성하는 문제입니다. 가장 알맞은 답을 고르세요.

3.

The room is _____.

(A) fun

(B) dirty

(C) clean

(D) messy

4.

Clothes are in the _____.

(A) box

(B) table

(C) closet

(D) backpack

5.

My baby brother feels _____.

(A) brave

(B) sleepy

(C) strong

(D) excited

CHAPTER 02

Unit 04

School
학교

What do you learn in school?
학교에서 무엇을 배우나요?

I learn English and science.
나는 영어와 과학을 배웁니다.

그림을 보면서, 단어를 따라 읽으세요.

art

math

music

science

teach

student

paper

computer

learn

lesson

speak

let

textbook

smart

classroom

English

homework

Chinese

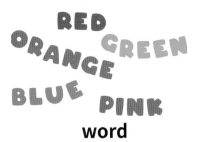

word

ask

repeat

Japanese

history

wrong

subject

spell

answer

question

grade

exam

PART B Meaning

 우리말과 함께 단어를 학습해보세요.

★★★
art 미술

★★★
let (~하게) 놓아두다 허락하다

★★
repeat 반복하다

★★★
math 수학

★★★
textbook 교과서

★
Japanese 일본어

★★★
music 음악

★★
smart 똑똑한, 영리한

★
history 역사

★★★
science 과학

★★
classroom 교실

★
wrong 틀린, 잘못된

★★★
teach 가르치다

★★
lesson 수업, 가르침

subject 과목

★★★
student 학생

★★
English 영어

spell 철자를 말하다 [쓰다]

★★★
paper 종이

★★
homework 숙제

answer 대답, 대답하다

★★★
computer 컴퓨터

★★
Chinese 중국어

question 질문, 의문, 문제

★★★
learn 배우다

★★
word 단어

grade 성적

★★★
speak 말하다 이야기하다

★★
ask 물어보다, 묻다

exam 시험

중요한 단어를 쓰면서 연습해보세요.

art
미술

art art art

math
수학

math math math

music
음악

music music music

science
과학

science science science

teach
가르치다

teach teach teach

student
학생

student student student

paper
종이

paper paper paper

learn
배우다

learn learn learn

UNIT 04 School

1. 보기의 단어들을 사용하여, 자신만의 시간표를 만들어보세요.

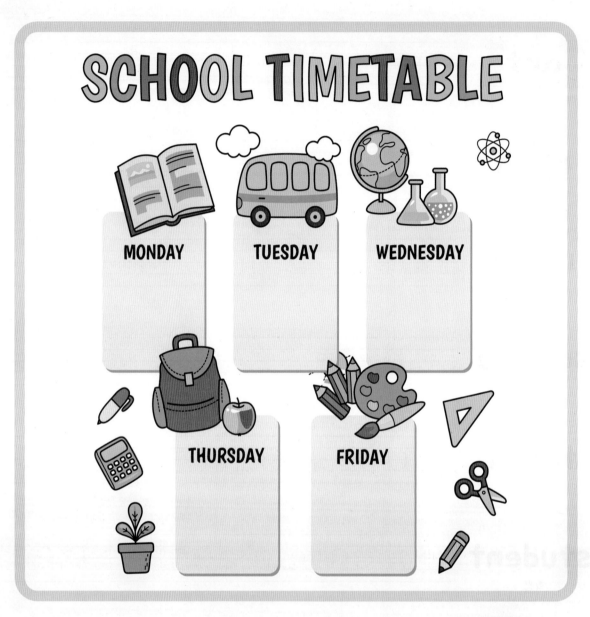

보기

art	math	music	science
Chinese	English	Japanese	history

2. 다음 단어를 듣고, 알맞은 그림에 O표 하세요.

🎧 Track 04-3

(1)

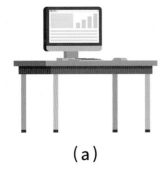

(a)

(b)

(c)

(2)

(a)

(b)

(c)

3. 우리말에 맞게 빈칸을 완성하세요.

(1) **Can I borrow your _____ ?**
당신의 교과서를 빌릴 수 있을까요?

(2) **You are a _____ student.**
당신은 똑똑한 학생입니다.

(3) **_____ the question.**
질문에 대답하세요.

(4) **I get a good _____ in English exam.**
나는 영어 시험에서 좋은 성적을 받습니다.

SELF TEST

1 다음 영어를 우리말로, 우리말을 영어로 쓰세요.

01   교과서

02 history

03 paper

04   교실

05 wrong

06   성적

07   단어

08 spell

09 math

10   묻다, 물어보다

11 smart

12   과학

13 answer

14   가르치다

15   반복하다

16 subject

2 우리말에 맞게 문장을 완성하세요.

01 오늘 미술 시간에 무엇이 필요한가요?

What do we need in   **class today?**

02 만약 질문이 있다면 손을 들어보세요.

Raise your hand if you have any   **.**

Unit 05

Sports & Exercise
스포츠 & 운동

What sports do you like?
어떤 스포츠들을 좋아하나요?

I like badminton and table tennis.
나는 배드민턴과 탁구를 좋아합니다.

그림을 보면서, 단어를 따라 읽으세요.

sport

badminton

football

table tennis

fair

record

stretch

goal

race

cheer

coach

uniform

quick

leader

practice

match

talent

exercise

catch

fall

move

join

throw

push

roll

jog

pull

carry

hobby

playground

우리말과 함께 단어를 학습해보세요.

★★★

sport 스포츠 [운동/경기]

★★

exercise 운동, 운동하다

race 경주

★★★

fall 떨어지다

★★

catch 잡다

cheer 응원하다, 환호

★★

football (미식)축구

★★

badminton 배드민턴

throw 던지다

★★

playground 운동장

★★

move 움직이다 이동하다

push 밀다

★★

fair 공정한

★

goal 골, 득점, 목표

stretch 늘이다 늘어나다

★★

carry 들고 있다 나르다

★

jog 조깅하다, 조깅

match 경기

★★

roll 구르다

★

pull 끌다, 당기다

talent 재능, 재주

★★

join 가입하다

★

hobby 취미

record 기록

★★

leader 지도자

coach 코치, 지도하다

uniform 유니폼, 단체복

★★

practice 연습하다 실행

quick 빠른

table tennis 탁구

✏️ 중요한 단어를 쓰면서 연습해보세요.

sport
스포츠[운동/경기]

sport sport sport

fall
떨어지다

fall fall fall

football
(미식)축구

football football football

fair
공정한

fair fair fair

carry
들고 있다, 나르다

carry carry carry

roll
구르다

roll roll roll

join
가입하다

join join join

leader
지도자

leader leader leader

1. 다음 그림에 맞는 단어를 찾아 연결하세요.

(1)

•

• **football**

(2)

•

• **table tennis**

(3)

•

• **badminton**

 2. 다음 그림을 빈칸과 연결하고 단어를 쓰세요.

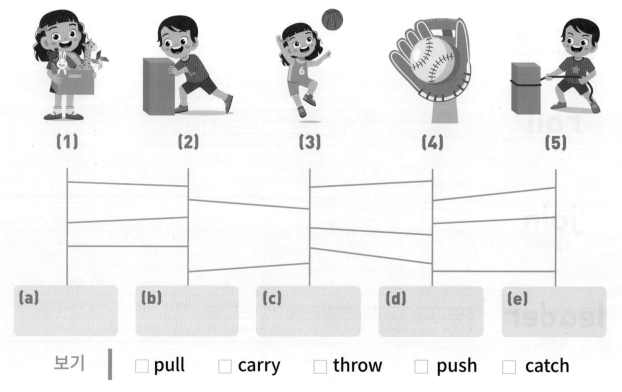

(1)   (2)   (3)   (4)   (5)

(a)   (b)   (c)   (d)   (e)

보기 | ☐ pull   ☐ carry   ☐ throw   ☐ push   ☐ catch

2. 다음 단어를 듣고, 알맞은 그림에 O표 하세요.

🎧 Track 05-3

(1)

(a)

(b)

(c)

(2)

(a)

(b)

(c)

4. 다음 그림을 보고, 문장에 알맞게 빈칸을 채우세요.

(1)

The _____ is in the locker.

(2)

I _____ in the morning.

SELF TEST

1 다음 영어를 우리말로, 우리말을 영어로 쓰세요.

01	fair		09	join	
02		재능, 재주	10		취미
03	record		11	match	
04		운동, 운동하다	12		구르다
05		잡다	13	quick	
06	playground		14	carry	
07		떨어지다	15		경주
08	uniform		16	pull	

2 우리말에 맞게 문장을 완성하세요.

01 그는 축구팀의 주장입니다.

He is a soccer team _____ .

02 그녀는 배드민턴에 재능이 있습니다.

She has a _____ for _____ .

Unit 06

Action
행동

Do you like to go to the library?
도서관에 가는 것을 좋아하나요?

I usually go to the library after school.
나는 보통 방과후에 도서관에 갑니다.

PART A New Words

 그림을 보면서, 단어를 따라 읽으세요.

sometimes

often

usually

always

never

put

get

well

feed

find

drive

wave

hide

keep

climb

know

finish

pick

need

break

pass

point

interest

ready

forget

drop

hurry

reach

borrow

habit

PART B Meaning

 우리말과 함께 단어를 학습해보세요.

★★★		★★		
get	받다, 얻다	**hide**	감추다, 숨다	**pass** 지나가다 통과하다

★★★		★★		
put	놓다, 두다	**keep**	유지하다 보존하다	**point** 가리키다

★★★		★★		
sometimes	가끔, 때때로	**climb**	오르다	**interest** 관심을 끌다

★★★		★★		
need	필요하다	**often**	자주, 보통	**ready** 준비가 된

★★★		★★		
well	잘, 건강한	**pick**	고르다 선택하다	**forget** 잊다

★★★		★★		
feed	먹이를 주다	**know**	알다	**drop** 떨어지다 떨어뜨리다

★★		★		
find	찾다	**finish**	끝내다	**hurry** 서두르다 급히 하다

★★		★		
always	항상	**usually**	보통, 대개	**borrow** 빌리다

★★		★		
drive	운전하다	**never**	절대~않다	**reach** ~에 이르다 ~에 닿다

★★		★		
wave	흔들다	**break**	부수다 고장나다	**habit** 습관

중요한 단어를 쓰면서 연습해보세요.

get
받다, 얻다

get get get

put
놓다, 두다

put put put

need
필요하다

need need need

well
잘, 좋게, 건강한

well well well

feed
먹이를 주다

feed feed feed

find
찾다

find find find

always
항상

always always always

sometimes
가끔, 때때로

sometimes sometimes

PART D Exercise

 1. 다음 그림에 알맞게 퍼즐을 완성하세요.

 2. 다음 단어에 알맞은 그림에 O표 하세요.

(1) **hide**

(a)　　　　　　　(b)

(2) **break**

(a)　　　　　　　(b)

3. 다음 그림을 보고, 문장에 알맞게 빈칸을 채우세요.

(1)

_____ the box on the table.

(2)

You can _____ the pen from the box.

 4. 다음 단어를 듣고, 알맞은 그림에 O표 하세요. ——

🎧Track 06-3

(1)

(a)

(b)

(c)

(2)

(a)

(b)

(c)

SELF TEST

1 다음 영어를 우리말로, 우리말을 영어로 쓰세요.

01   끝내다, 끝나다   09 drive

02 often

10   결코[절대]~않다

03   놓다, 두다   11 pass

04 habit

12   떨어지다, 떨어뜨리다

05 borrow

13 break

06   찾다   14   잘, 좋게, 건강한

07   항상   15 keep

08 feed

16   가끔, 때때로

2 우리말에 맞게 문장을 완성하세요.

01 나는 갈 준비가 되어 있습니다.

I'm   to go.

02 너의 강아지에게 먹이를 주는 것을 잊으면 안돼.

Don't   to   your puppy.

TOSEL 실전문제 ❷

QR코드를 인식시키면
음원이 재생됩니다

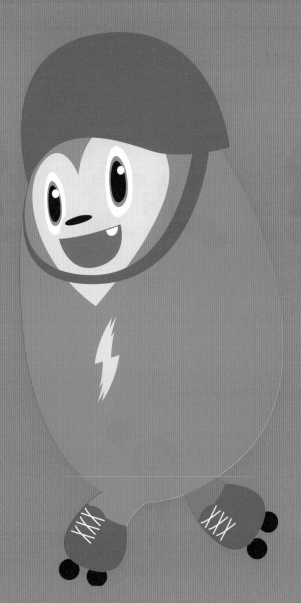

1. What is the girl doing?

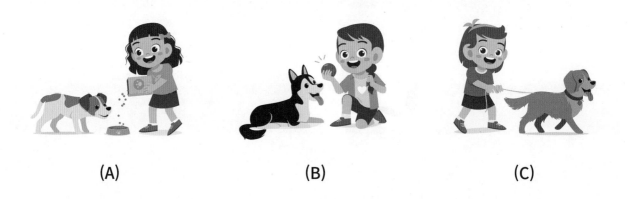

(A)   (B)   (C)

2. What does the girl do after school?

(A)   (B)   (C)

SECTION II. Reading and Writing

PART B. Situational Writing

DIRECTIONS: For questions 3 to 5, look at the pictures and complete the sentences. Choose the option that BEST completes each sentence.

지시 사항: 3번부터 5번까지는 그림을 보고 문장을 완성하는 문제입니다. 가장 알맞은 답을 고르세요.

3.

My cat likes to _____ under the bed.

(A) run

(B) hide

(C) jump

(D) climb

4.

He _____ a ball.

(A) pulls

(B) misses

(C) throws

(D) catches

5.

I like _____ class.

(A) art

(B) music

(C) history

(D) science

CHAPTER 03

Unit 07

🎧 Track 07-1

Place
장소

Where do you go every day in your town?
당신의 마을에서 매일 가는 곳은 어디인가요?

Where do you like to visit?
어느 곳을 방문하는 것을 좋아하나요?

그림을 보면서, 단어를 따라 읽으세요.

from

library

room

park

museum

outside

market

hospital

town

street

place

restaurant

shop

visit

world

middle

around

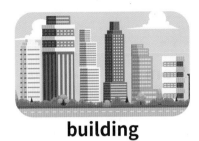

building

station

bookstore

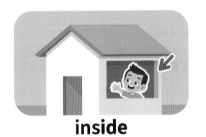

inside

next

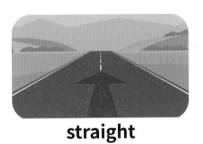

straight

swimming pool

floor

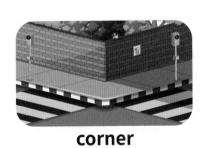

corner

between

cafe

stadium

across

UNIT 07 Place

PART B Meaning

 우리말과 함께 단어를 학습해보세요.

★★★
from ~에서(부터)

★★★
place 장소

★★
next 다음의

★★★
library 도서관

★★★
restaurant 식당

★★
straight 곧장, 똑바로

★★★
room 방, -실

★★★
shop 가게

★★
swimming pool 수영장

★★★
park 공원

★★
visit 방문하다

★★
floor 바닥, 층

★★★
museum 박물관

★★
world 세계

★★
corner 모서리, 모퉁이

★★★
outside 바깥쪽

★★
middle 중앙, 가운데

★★
building 건물

★★★
market 시장

★★
around 주위에

★★
between ~사이에

★★★
hospital 병원

★★
station 정거장, 역

★★
cafe 카페

★★★
town 도시, 마을

★★
bookstore 서점

★★
stadium 경기장

★★★
street 거리, 도로

★★
inside 내부의 ~안에[으로]

★
across 건너서 가로질러

중요한 단어를 쓰면서 연습해보세요.

from
~에서(부터)

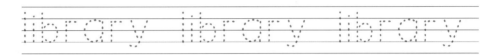

library
도서관

room
방, -실

park
공원

museum
박물관

outside
외부의, 바깥쪽

market
시장

hospital
병원

UNIT 07 Place

(ABC) 1. 다음 그림에 맞는 단어를 찾아 연결하세요.

(1)

•   • **hospital**

(2)

•   • **bookstore**

(3)

•   • **stadium**

(4)

•   • **museum**

(5)

•   • **library**

(6)

•   • **restaurant**

2. 다음 단어를 듣고, 알맞은 그림에 O표 하세요.

Track 07-3

(1)

(a)　　　　　　(b)　　　　　　(c)

(2)

(a)　　　　　　(b)　　　　　　(c)

3. 다음 그림을 보고, 문장에 알맞게 빈칸을 채우세요.

(1)

Go _____ and turn right
at the corner.

(2)

I'm waiting for a bus
at the _____ .

SELF TEST

1 다음 영어를 우리말로, 우리말을 영어로 쓰세요.

01 _____ 방문하다

02 _____ 건너서

03 museum _____

04 _____ 거리, 도로

05 town _____

06 market _____

07 _____ ~사이에

08 swimming pool _____

09 corner _____

10 _____ 건물

11 _____ 세계

12 inside _____

13 stadium _____

14 _____ 다음의

15 hospital _____

16 _____ 주위에

2 우리말에 맞게 문장을 완성하세요.

01 밖으로 나갑시다!

   Let's go _____ !

02 저것이 우리 도시에서 가장 높은 건물입니다.

   That is the tallest _____ in my _____ .

Unit 08

🎧 Track 08-1

Food
음식

What do you eat for breakfast?
아침에 무엇을 먹나요?

I eat orange juice and cereal.
나는 오렌지주스와 시리얼을 먹습니다.

그림을 보면서, 단어를 따라 읽으세요.

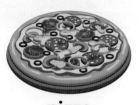

pizza

lunch

orange

food

have

delicious

vegetable

dinner

salad

popcorn

bake

strawberry

watermelon

potato

carrot

cook

pie

lemon

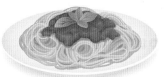

pasta

pumpkin

bring

sugar

flour

onion

cereal

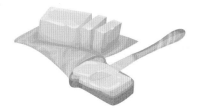

butter

breakfast

piece

mix

drink

우리말과 함께 단어를 학습해보세요.

★★★
pizza 피자

★★★
lunch 점심(식사)

★★★
orange 오렌지

★★★
food 음식, 식품

★★★
have (음식을) 먹다

★★★
delicious 맛있는

★★★
vegetable 야채, 채소

★★★
dinner 저녁(식사)

★★★
salad 샐러드

★★★
popcorn 팝콘

★★
bake 굽다

★★
strawberry 딸기

★★
watermelon 수박

★★
potato 감자

★★
carrot 당근

★★
cook 요리하다

★★
pie 파이

★★
lemon 레몬

★★
pasta 파스타

★★
pumpkin 호박

★★
bring 가져오다

★★
sugar 설탕

★★
flour 밀가루

★
onion 양파

★
cereal 곡물, 씨리얼

★
butter 버터

★
breakfast 아침(식사)

★
piece 한 조각[부분]

★
mix 섞다

★
drink 음료, 마시다

✏️ 중요한 단어를 쓰면서 연습해보세요.

pizza
피자

pizza pizza pizza

lunch
점심(식사)

lunch lunch lunch

orange
오렌지

orange orange orange

food
음식, 식품

food food food

have
(음식을) 먹다

have have have

delicious
맛있는

delicious delicious

vegetable
야채, 채소

vegetable vegetable

dinner
저녁(식사)

dinner dinner dinner

UNIT 08   Food

1. 다음 사다리타기를 통해서, 빈칸에 알맞은 단어를 쓰세요.

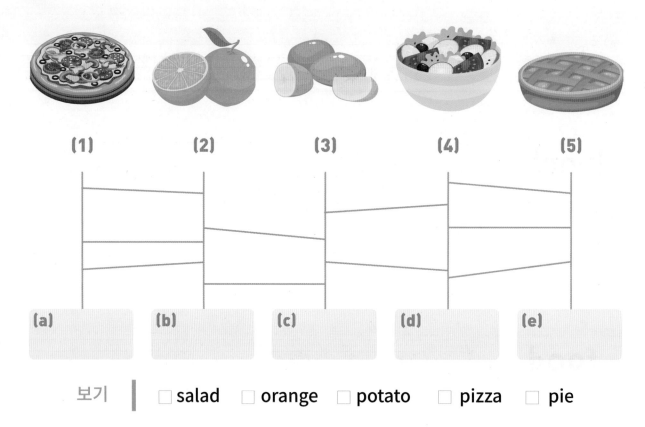

(1)　　　　(2)　　　　(3)　　　　(4)　　　　(5)

(a)　　　(b)　　　(c)　　　(d)　　　(e)

보기 | ☐ salad　☐ orange　☐ potato　☐ pizza　☐ pie

2. 다음 단어에 알맞은 그림에 O표 하세요.

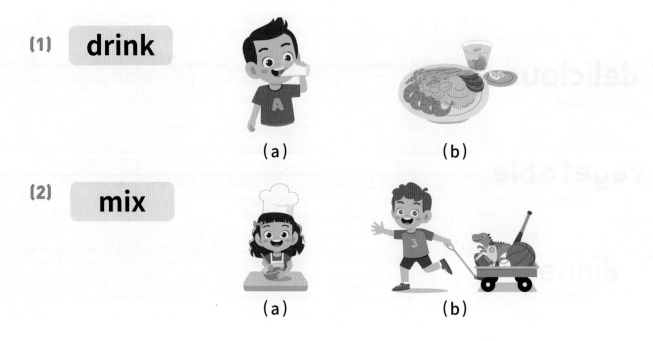

(1) **drink**

(a)　　　　　　(b)

(2) **mix**

(a)　　　　　　(b)

3. 다음 그림을 보고, 문장에 알맞게 빈칸을 채우세요.

(1)

It's a _____ of cake.

(2)

What do you want to eat for _____?

 4. 다음 단어를 듣고, 알맞은 그림에 O표 하세요.

🎧 Track 08-3

(1)

(a)

(b)

(c)

(2)

(a)

(b)

(c)

SELF TEST

1 다음 영어를 우리말로, 우리말을 영어로 쓰세요.

01 _____ 오렌지

02 have _____

03 _____ 밀가루

04 _____ 파스타

05 delicious _____

06 _____ 감자

07 drink _____

08 butter _____

09 _____ 호박

10 vegetable _____

11 _____ 요리하다

12 lunch _____

13 _____ 양파

14 sugar _____

15 watermelon _____

16 _____ 당근

2 우리말에 맞게 문장을 완성하세요.

01 파티에 먹을 음식을 가져와 주세요.

_____ some food for the party.

02 내가 제일 좋아하는 채소는 양파입니다.

My favorite _____ is onion.

Unit 9

Sense
감각

SIGHT

SMELL

TASTE

HEAR

TOUCH

This song is noisy.

이 노래는 시끄러워요.

Candy tastes sweet.

사탕은 달콤해요.

그림을 보면서, 단어를 따라 읽으세요.

watch

ring

show

talk

wash

soft

listen

tell

sound

heavy

choose

concert

brush

noise

sweet

smell

empty

light

hear

say

hurt

share

see

fill

hope

really

beautiful

honest

thirsty

touch

UNIT 09 Sense

우리말과 함께 단어를 학습해보세요.

★★★		★★		★★	
watch	주시하다, 보다	**choose**	선택하다 고르다	**hurt**	다치게 하다 다친
★★★		★★		★★	
ring	울리다	**concert**	연주회 콘서트	**share**	공유하다
★★★		★★		★	
show	보여 주다	**brush**	솔질을 하다 붓, 솔	**see**	보다
★★★		★★		★	
talk	이야기하다 수다를 떨다	**noise**	소음	**fill**	채우다 채워지다
★★★		★★		★	
wash	씻다	**sweet**	달콤한 향기로운	**hope**	바라다 희망하다
★★★		★★		★	
soft	부드러운 푹신한	**smell**	냄새가 나다 향	**really**	정말로, 진짜로
★★		★★			
listen	(귀 기울여) 듣다	**empty**	비어 있는	**thirsty**	목이 마른
★★		★★			
tell	말하다 알리다[전하다]	**light**	밝은, 연한 빛	**beautiful**	아름다운
★★		★★			
sound	소리	**hear**	듣다 들리다	**honest**	솔직한
★★		★★			
heavy	무거운	**say**	말하다	**touch**	촉각, 만지다

중요한 단어를 쓰면서 연습해보세요.

watch
보다, 주시하다

watch watch watch

ring
울리다

ring ring ring

show
보여주다

show show show

talk
이야기하다

talk talk talk

wash
씻다

wash wash wash

soft
부드러운, 푹신한

soft soft soft

listen
(귀 기울여) 듣다

listen listen listen

tell
말하다, 알리다

tell tell tell

UNIT 09 Sense

1. 그림과 알맞은 단어를 찾아서 연결해보세요

1

•

• **tell**

2
•

• **smell**

3

•

• **say**

4

•

• **listen**

5
•

• **watch**

6

•

• **show**

2. 다음 단어를 듣고, 알맞은 그림에 O표 하세요.

🎧 Track 09-3

(1)

(a)　　　　　　(b)　　　　　　(c)

(2)

 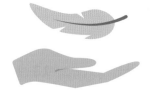 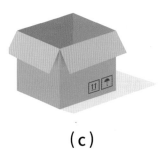

(a)　　　　　　(b)　　　　　　(c)

 3. 다음 그림에 맞게 빈칸을 완성하세요.

(1)

The koalas are

_____ .

(2)

**your old books
at the book fair.**

SELF TEST

1 다음 영어를 우리말로, 우리말을 영어로 쓰세요.

01	ring		09		아름다운
02		(귀 기울여) 듣다	10	show	
03	heavy		11		씻다
04		주시하다	12	sweet	
05		말하다	13		다치게 하다
06	noise		14	light	
07	honest		15	fill	
08	hope		16		정말로, 진짜로

2 우리말에 맞게 문장을 완성하세요.

01 우리는 우리의 새로운 선생님에 대해 이야기 합니다.

We _____ about our new teacher.

02 저는 밤에 달빛을 보기를 희망합니다.

I _____ to see the moon _____ at night.

TOSEL 실전문제 ❸

QR코드를 인식시키면
음원이 재생됩니다

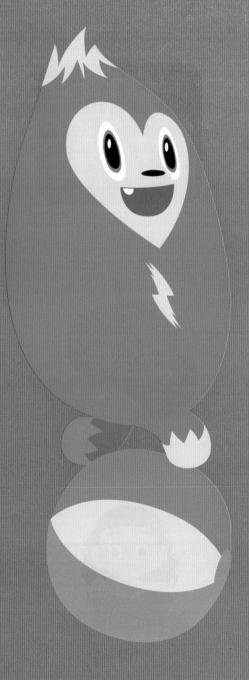

PART A. Listen and Recognize

DIRECTIONS: For questions 1 to 3, listen to the sentences and choose the BEST picture.
The sentences will be spoken **TWICE.**

지시 사항: 1번부터 3번까지는 문장을 듣고, 가장 알맞은 그림을 고르는 문제입니다. 문제는 **두 번씩** 들려줍니다.

1. ● 2020 TOSEL 기출

(A)   (B)   (C)

2

(A)   (B)   (C)

3.

(A)   (B)   (C)

SECTION II. Reading and Writing

PART B. Situational Writing

DIRECTIONS: For questions 4 and 5, look at the pictures and complete the sentences. Choose the option that BEST completes each sentence.

지시 사항: 4번과 5번은 그림을 보고 문장을 완성하는 문제입니다. 가장 알맞은 답을 고르세요.

---

4. • 2019 TOSEL 기출

They are in a _____ .

(A) gym

(B) park

(C) library

(D) museum

5.

The bank is _____ from the school.

(A) far

(B) next

(C) inside

(D) across

CHAPTER 04

Unit 10

Animals
동물

What is your favorite animal?
당신이 가장 좋아하는 동물은 무엇입니까?

I like whales the best.
나는 고래를 가장 좋아합니다.

PART A New Words

animal

pet

chicken

rabbit

elephant

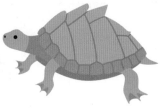

turtle

wing

giraffe

fur

zoo

ocean

butterfly

crocodile

tail

whale

bug

puppy

parrot

penguin

worm

hunt

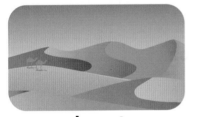

desert

pond

dolphin

ox

bee

spider

spot

wolf

wild

UNIT 10 Animals

우리말과 함께 단어를 학습해보세요.

★★★		★★		★	
animal	동물	**ocean**	대양, 바다	**hunt**	사냥하다
pet	애완동물	**butterfly**	나비	**desert**	사막
chicken	닭	**crocodile**	악어	**pond**	연못
rabbit	토끼	**tail**	꼬리	**dolphin**	돌고래
elephant	코끼리	**whale**	고래	**ox**	황소
turtle	거북이	**bug**	벌레, 작은 곤충	**bee**	벌
wing	날개	**puppy**	강아지	**spider**	거미
giraffe	기린	**parrot**	앵무새	**spot**	점, 반점, 얼룩
fur	털	**penguin**	펭귄	**wolf**	늑대
zoo	동물원	**worm**	애벌레	**wild**	야생의

중요한 단어를 쓰면서 연습해보세요.

animal
동물

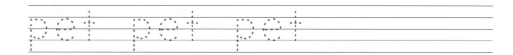

pet
애완동물

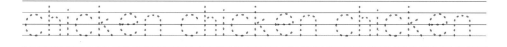

chicken
닭

rabbit
토끼

elephant
코끼리

turtle
거북이

wing
날개

giraffe
기린

UNIT 10   Animals

1. 다음 사다리타기를 통해서, 빈칸에 알맞은 단어를 쓰세요.

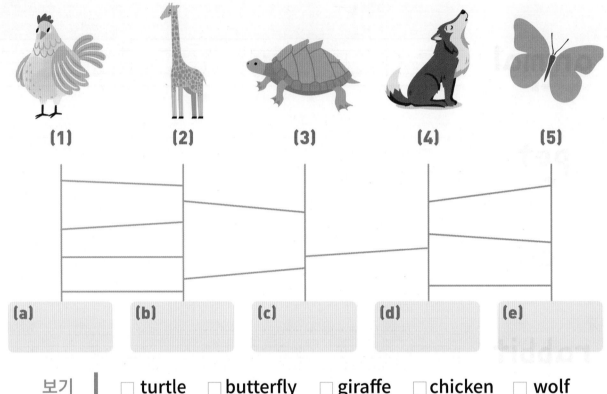

(1)　　(2)　　(3)　　(4)　　(5)

(a)　　(b)　　(c)　　(d)　　(e)

보기 | ☐ turtle ☐ butterfly ☐ giraffe ☐ chicken ☐ wolf

 2. 다음 단어에 알맞은 그림에 O표 하세요.

(1) **rabbit**

(a)　　　　(b)

(2) **whale**

(a)　　　　(b)

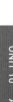

3. 다음 단어를 듣고, 알맞은 그림에 O표 하세요.

🎧 Track 10-3

(1)

(a)   (b)   (c)

(2)

(a)   (b)   (c)

4. 다음 그림에 맞게 빈칸을 완성하세요.

(1)

**There are a lot of animals
in the _____ .**

(2)

**My dog has a black _____
on his head.**

SELF TEST

1 다음 영어를 우리말로, 우리말을 영어로 쓰세요.

01   애완동물

09   butterfly

02   wing

10   털

03   elephant

11   whale

04   닭

12   동물원

05   연못

13   애벌레

06   bug

14   desert

07   야생의

15   giraffe

08   parrot

16   황소

2 우리말에 맞게 문장을 완성하세요.

01 이 동물은 무슨 동물인가요?

What   **is this?**

02 저 돌고래가 점프하는 것을 보세요!

Look at that   **jumping!**

Unit 11

Nature
자연

What do you see outside?
밖에 무엇이 보이나요?

I see a colorful rainbow.
나는 색이 화려한 무지개가 보입니다.

그림을 보면서, 단어를 따라 읽으세요.

plant

weather

lake

warm

airplane

rainbow

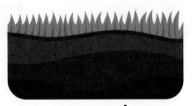

ground

boat

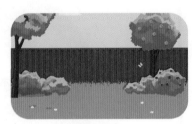

yard

vacation

clear

wide

leaf

country

safe

picnic

backpack

trip

arrive

field

grow

shine

nature

safari

land

globe

wood

stone

farm

cool

우리말과 함께 단어를 학습해보세요.

★★★

plant 식물

★★★

weather 날씨

★★★

lake 호수

★★★

warm 따뜻한

★★

airplane 비행기

★★

rainbow 무지개

★★

ground 땅

★★

boat 배, 보트

★★

yard 마당, 뜰

★★

vacation 방학

★★

clear 맑은

★★

wide 넓은

★★

leaf (나뭇)잎

★

country 시골, 나라

★

safe 안전한

★

picnic 소풍

★

backpack 배낭

★

trip 여행

★

arrive 도착하다

★

field 들판

★

grow 자라다 재배하다

★

shine 빛나다

★

nature 자연

safari 사파리 여행

land 육지

globe 지구본

wood 나무, 목재

stone 돌

farm 농장

cool 시원한

중요한 단어를 쓰면서 연습해보세요.

plant
식물

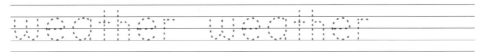

weather
날씨

lake
호수

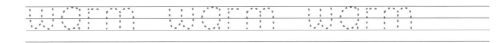

warm
따뜻한

airplane
비행기

rainbow
무지개

ground
땅

boat
배, 보트

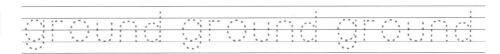

UNIT 11 Nature

PART D Exercise

 1. 그림과 알맞은 단어를 찾아서 연결해보세요

(1)

•   • **leaf**

(2)

•   • **stone**

(3)

•   • **backpack**

(4)

•   • **boat**

(5)

•   • **rainbow**

(6)

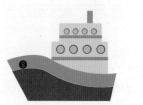

•   • **plant**

2. 다음 그림을 보고, 문장에 알맞게 빈칸을 채우세요.

(1)

I wear a _____ **jacket.**

(2)

I love walking in the _____ **.**

 3. 다음 단어를 듣고, 알맞은 그림에 O표 하세요.

🎧 Track 11-3

(1)

(a)

(b)

(c)

(2)

(a)

(b)

(c)

UNIT 11　Nature

SELF TEST

1 다음 영어를 우리말로, 우리말을 영어로 쓰세요.

01 weather

02   땅

03 yard

04   방학

05 country

06 picnic

07   여행

08 safe

09 arrive

10   자라다

11   빛나다

12 nature

13 land

14   (나뭇)잎

15 cool

16   농장

2 우리말에 맞게 문장을 완성하세요.

01 오늘 날씨는 어떤가요?

How is the   today?

02 정상에서, 우리는 맑고 넓은 경관을 볼 수 있습니다.

At the top, we can see   and   landscape.

Unit 12

Daily Life
일상

I'm saving money for mom's birthday gift.

나는 엄마의 생일선물을 위해 돈을 모으고 있습니다.

I want to give her a painting and a diary.

나는 그녀에게 그림과 다이어리를 주고 싶습니다.

그림을 보면서, 단어를 따라 읽으세요.

take

ticket

meet

call

poster

stay

wait

lie

sell

add

wall

painting

end

build

phone

glass

shower

laugh

song

trash

gift

wheel

children

adult

save

money

pack

fix

invite

diary

UNIT 12 Daily Life

우리말과 함께 단어를 학습해보세요.

★★★		★★		★★	
take	가지고 가다 데리고 가다	**wall**	벽	**gift**	선물

★★★		★★		★★	
ticket	표, 입장권	**painting**	그림	**wheel**	바퀴

★★★		★★		★★	
meet	만나다	**end**	끝, 끝내다	**children**	아이들

★★★		★★		★★	
call	전화하다, ~라고 부르다	**build**	짓다, 건축하다	**adult**	어른

★★★		★★		★	
poster	포스터	**phone**	전화 전화를 걸다	**save**	(돈을) 모으다 저축하다

★★		★★		★	
stay	머무르다	**glass**	유리(잔)	**money**	돈

★★		★★		★	
wait	기다리다	**shower**	샤워를 하다	**pack**	(짐을) 싸다

★★		★★			
lie	눕다 누워 있다	**laugh**	(소리내어) 웃다 웃음(소리)	**fix**	고치다

★★		★★			
sell	팔다	**song**	노래	**invite**	초대하다

★★		★★			
add	더하다	**trash**	쓰레기	**diary**	수첩, 일기

중요한 단어를 쓰면서 연습해보세요.

take
가지고 가다, 데리고 가다

take take take

ticket
표, 입장권

ticket ticket ticket

meet
만나다

meet meet meet

call
전화하다, ~라고 부르다

call call call

poster
포스터

poster poster poster

stay
머무르다

stay stay stay

wait
기다리다

wait wait wait

lie
누워 있다, 눕다

lie lie lie

1. 다음 그림에 알맞게 퍼즐을 완성하세요.

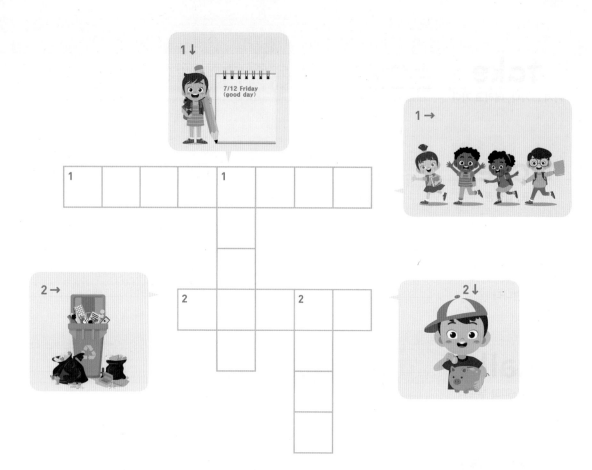

 2. 다음 단어에 알맞은 그림에 O표 하세요.

(1) **call**

(a)   (b)

(2) **fix**

(a)   (b)

 3. 다음 단어를 듣고, 알맞은 그림에 O표 하세요.

🎧 Track 12-3

(1)

(a)　　　　　　(b)　　　　　　(c)

(2)

(a)　　　　　　(b)　　　　　　(c)

 4. 다음 그림을 보고, 문장에 알맞게 빈칸을 채우세요.

(1)

You must ⬜
for green light.

(2)

Sometimes, people
⬜ me a bunny.

SELF TEST

1 다음 영어를 우리말로, 우리말을 영어로 쓰세요.

01 _____ 표, 입장권

09 glass _____

02 poster _____

10 shower _____

03 lie _____

11 _____ 쓰레기

04 _____ 더하다

12 gift _____

05 _____ 그림

13 _____ 바퀴

06 end _____

14 adult _____

07 _____ 짓다, 건축하다

15 _____ 초대하다

08 wait _____

16 diary _____

2 우리말에 맞게 문장을 완성하세요.

01 몇 명의 아이들이 있나요?

How many _____ are there?

02 당신은 벽 앞에서 저의 친구를 만날 수 있습니다.

You can _____ my friend in front of the _____ .

TOSEL 실전문제 ④

 QR코드를 인식시키면
음원이 재생됩니다

SECTION I. Listening and Speaking

PART A. Listen and Recognize

DIRECTIONS: For questions 1 to 3, listen to the sentences and choose the BEST picture.
The sentences will be spoken **TWICE.**

지시 사항: 1번부터 3번까지는 문장을 듣고, 가장 알맞은 그림을 고르는 문제입니다. 문제는 **두 번씩** 들려줍니다.

1. • 2019 TOSEL 기출

 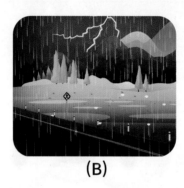 

(A)　　　　　　　　(B)　　　　　　　　(C)

2.

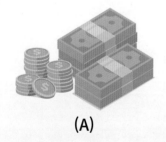  

(A)　　　　　　　　(B)　　　　　　　　(C)

3.

(A)　　　　　　　　(B)　　　　　　　　(C)

SECTION II. Reading and Writing

PART B. Situational Writing

DIRECTIONS: For questions 4 and 5, look at the pictures and complete the sentences. Choose the option that BEST completes each sentence.

지시 사항: 4번과 5번은 그림을 보고 문장을 완성하는 문제입니다. 가장 알맞은 답을 고르세요.

4.

There are _____ in the classroom.

(A) children

(B) teachers

(C) paintings

(D) backpacks

5.

The man _____ the tickets.

(A) sells

(B) buys

(C) saves

(D) packs

CHAPTER 05

Unit 13

House
집

What do you have in your bedroom?
당신의 침실에는 무엇이 있나요?

There is a sofa and a lamp.
소파와 램프가 있습니다.

그림을 보면서, 단어를 따라 읽으세요.

kid

table

kitchen

bedroom

box

live

lamp

bathroom

mat

space

bowl

photo

sofa

bookshelf

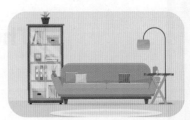

living room

mirror

teddy bear

racket

fan

block

refrigerator

toilet

basket

knife

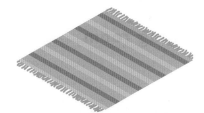

carpet

curtain

dining room

plate

sink

soap

UNIT 13   House

PART B Meaning

 우리말과 함께 단어를 학습해보세요.

★★★
kid   아이, 청소년

★★
bowl   그릇, 통

★
refrigerator   냉장고

★★★
table   식탁

★★
photo   사진

★
toilet   변기, 화장실

★★★
kitchen   주방, 부엌

★★
sofa   소파

★
basket   바구니

★★★
bedroom   침실

★★
bookshelf   책장

★
knife   칼

★★★
box   상자

★★
living room   거실

★
carpet   양탄자, 카펫

★★★
live   살다

★★
mirror   거울

★
curtain   커튼

★★★
lamp   램프, 등

★
teddy bear   곰인형

★
dining room   식당

★★★
bathroom   욕실

★
racket   라켓

★
plate   접시, 그릇

★★
mat   매트

★
fan   선풍기

★
sink   싱크대, 가라앉다

★★
space   공간, 장소

★
block   (장난감)블록

soap   비누

중요한 단어를 쓰면서 연습해보세요.

kid
아이, 청소년

kid kid kid

table
식탁

table table table

kitchen
주방, 부엌

kitchen kitchen kitchen

bedroom
침실

bedroom bedroom

box
상자

box box box

live
살다

live live live

lamp
램프, 등

lamp lamp lamp

bathroom
욕실

bathroom bathroom

UNIT 13　House

1. 다음 사다리타기를 통해서, 빈칸에 알맞은 단어를 쓰세요.

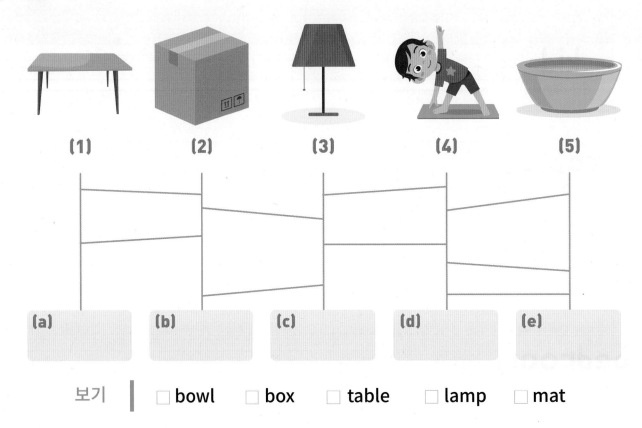

(1)　　(2)　　(3)　　(4)　　(5)

(a)　　(b)　　(c)　　(d)　　(e)

보기 | ☐ bowl　☐ box　☐ table　☐ lamp　☐ mat

 2. 다음 단어에 알맞은 그림에 O표 하세요.

(1) **curtain**

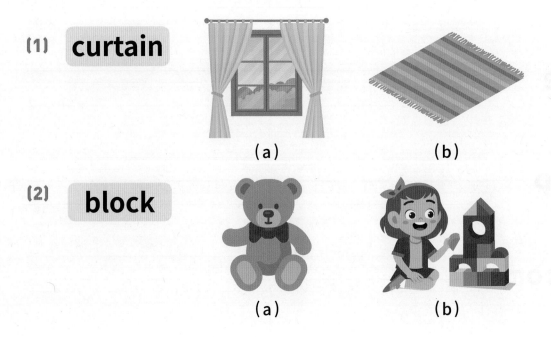

(a)　　　　　(b)

(2) **block**

(a)　　　　　(b)

3. 다음 그림을 보고, 문장에 알맞게 빈칸을 채우세요.

(1)

My mother cooks

in the _____ **.**

(2)

The boy is holding

a _____ **.**

 4. 다음 단어를 듣고, 알맞은 그림에 O표 하세요.

🎧 Track 13-3

(1)

(a)　　　　　(b)　　　　　(c)

(2)

(a)　　　　　(b)　　　　　(c)

UNIT 13　House

SELF TEST

1 다음 영어를 우리말로, 우리말을 영어로 쓰세요.

01	bedroom		09		선풍기
02		램프, 등	10	refrigerator	
03		매트	11		변기, 화장실
04	space		12	basket	
05		그릇, 통	13		칼
06	bookshelf		14		커튼
07	mirror		15	dining room	
08	sofa		16	soap	

2 우리말에 맞게 문장을 완성하세요.

01 고양이가 식탁 아래에 있어요.

The cat is under the _____ **.**

02 나는 내 침실에 곰인형을 가지고 있어요.

I have a _____ _____ **in my bedroom.**

Unit 14

Time
시간

What are you doing tomorrow?
내일 무엇을 합니까?

I'm meeting my friend in the afternoon.
나는 오후에 친구를 만납니다.

그림을 보면서, 단어를 따라 읽으세요.

day

every

many

today

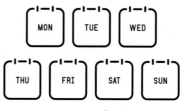

week

now

late

together

all

after

center

color

hour

evening

fold

early

dollar

afternoon

same

any

another

before

holiday

tomorrow

someday

second

expensive

cheap

minute

season

UNIT 14 Time

PART B Meaning

 우리말과 함께 단어를 학습해보세요.

★★★
day 하루, 날

★★★
center 중심, 중앙

★★
another 또 하나(의)

★★★
every 모든

★★★
color 색

★★
before ~전[앞]에

★★★
many 많은

★★★
hour 시간

★★
holiday 휴가

★★★
today 오늘

★★★
evening 저녁

★★
tomorrow 내일

★★★
week 주, 일주일

★★★
fold [종이나 천을] 접다

★
someday 언젠가

★★★
now 지금, 이제

★★★
early 이른, 일찍

★
second 초

★★★
late 늦은

★★
dollar 달러 [미국화폐단위]

★
expensive 비싼

★★★
together 함께, 같이

★★
afternoon 오후

★
cheap 싼

★★★
all 모든

★★
same (똑)같은

★
minute 분

★★★
after ~뒤에[후에]

★★
any 어느, 어떤

season 계절

중요한 단어를 쓰면서 연습해보세요.

day
하루, 날

day day day

every
모든

every every every

many
많은

many many many

today
오늘

today today today

week
주, 일주일

week week week

now
지금, 이제

now now now

late
늦은

late late late

together
함께, 같이

together together

UNIT 14   Time

1. 얼마나 지났을까요?

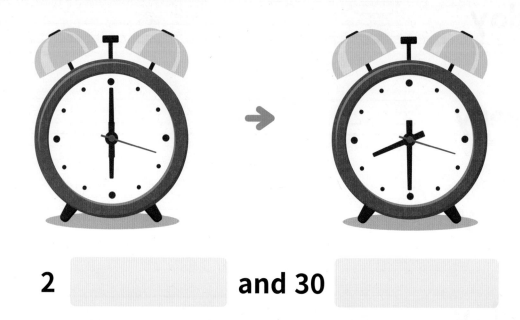

2 [   ] **and 30** [   ]

 2. 다음 단어에 알맞은 그림에 O표 하세요.

(1) **cheap**

(a)   (b)

(2) **early**

(a)   (b)

3. 다음 단어를 듣고, 알맞은 그림에 O표 하세요.

🎧Track 14-3

(1)

(a)   (b)   (c)

(2)

(a)   (b)   (c)

4. 다음 그림을 보고, 문장에 알맞게 빈칸을 채우세요.

(1)   (2)

I wake up

everyday.

the paper

into a triangle.

SELF TEST

1 다음 영어를 우리말로, 우리말을 영어로 쓰세요.

01 _____ 오늘

02 week _____

03 late _____

04 _____ 함께, 같이

05 after _____

06 _____ 중심, 중앙

07 hour _____

08 expensive _____

09 _____ 저녁

10 _____ [종이나 천을] 접다

11 early _____

12 afternoon _____

13 _____ (똑)같은

14 any _____

15 _____ ~전[앞]에

16 holiday _____

2 우리말에 맞게 문장을 완성하세요.

01 그것은 너무 비싸요.

It is so _____ .

02 저는 언젠가 미국에 여행을 가고 싶어요.

I want to travel to America _____ .

Unit 15

Objects
사물

What do you want for your birthday?
생일에 무엇을 원합니까?

I want large balloons.
나는 큰 풍선들을 원합니다.

그림을 보면서, 단어를 따라 읽으세요.

new

over

monster

much

some

train

snowman

ice

cream

large

seed

swing

both

button

change

discount

each

flute

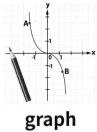

graph

line

option

own

balloon

blanket

broom

bush

collect

ladder

something

loaf

UNIT 15   Objects

우리말과 함께 단어를 학습해보세요.

★★★	★★★	★★
new 새로운	**seed** 씨, 씨앗	**option** 선택
over ~위에	**swing** 그네	**own** 자신의[~의] (소유)
monster 괴물	**both** 둘 다	**balloon** 풍선
much 많은, 매우	**button** 버튼, 단추	**blanket** 담요
some 몇몇의, 일부의	**change** 변하다, 바꾸다	**broom** 빗자루
train 기차, 열차	**discount** 할인, 할인하다	**bush** 덤불, 관목
snowman 눈사람	**each** 각각(의)	**collect** 모으다, 수집하다
ice 얼음	**flute** 플루트	**ladder** 사다리
cream 크림	**graph** 그래프, 도표	**something** 어떤 것, 무엇
large 큰, 많은	**line** 선	**loaf** 빵 한 덩이

중요한 단어를 쓰면서 연습해보세요.

new
새로운

new new new

over
~위에

over over over

monster
괴물

monster monster

much
많은, 매우

much much much

some
몇몇의, 일부의

some some some

train
기차, 열차

train train train

snowman
눈사람

snowman snowman

ice
얼음

ice ice ice

UNIT 15 Objects

PART D Exercise

 1. 다음 그림에 맞는 단어를 찾아 연결하세요.

(1)  • • **swing**

(2)  • • **monster**

(3)  • • **train**

(4)  • • **snowman**

(5) • • **flute**

(6)  • • **ice**

2. 다음 단어를 듣고, 알맞은 그림에 O표 하세요.

🎧 Track 15-3

(1)

(a)

(b)

(c)

(2)

(a)

(b)

(c)

 3. 다음 그림을 보고, 문장에 알맞게 빈칸을 채우세요.

(1)

Mom, can I have

cupcakes?

(2)

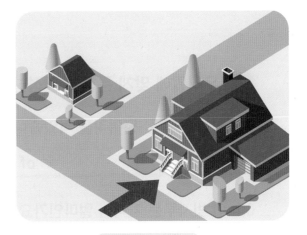

It is a ⬛⬛⬛ house.

SELF TEST

① **다음 영어를 우리말로, 우리말을 영어로 쓰세요.**

01	new		09	discount	
02		~위에	10		그래프, 도표
03	much		11		선택
04	train		12	own	
05		몇몇의, 일부의	13		풍선
06	both		14	blanket	
07		변하다, 바꾸다	15	collect	
08	swing		16		사다리

② **우리말에 맞게 문장을 완성하세요.**

01 점심에 빵 한 덩어리를 먹었습니다.

   I ate a _____ of bread for lunch.

02 이 빗자루는 가격이 얼마인가요?

   How _____ is this _____?

TOSEL 실전문제 ⑤

 QR코드를 인식시키면
음원이 재생됩니다

PART A. Listen and Recognize

DIRECTIONS: For questions 1 to 3, listen to the sentences and choose the BEST picture.
The sentences will be spoken **TWICE.**

지시 사항: 1번부터 3번까지는 문장을 듣고, 가장 알맞은 그림을 고르는 문제입니다. 문제는 **두번씩** 들려줍니다.

1.

(A)

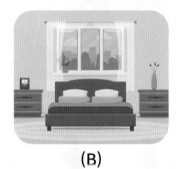
(B)

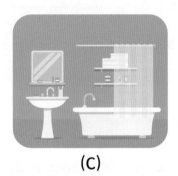
(C)

2.

(A)

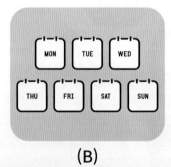
(B)

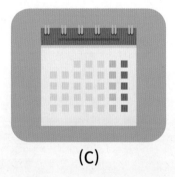
(C)

3.

(A)

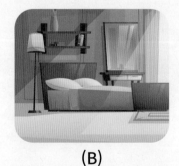
(B)

(C)

SECTION II. Reading and Writing

PART B. Situational Writing

DIRECTIONS: For questions 4 and 5, look at the pictures and complete the sentences. Choose the option that BEST completes each sentence.

지시 사항: 4번과 5번은 그림을 보고 문장을 완성하는 문제입니다. 가장 알맞은 답을 고르세요.

● 2019 TOSEL 기출

4.

He is making hats out of _____.

(A) cards

(B) cookies

(C) bubbles

(D) balloons

5.

He was _____ for school.

(A) late

(B) first

(C) wait

(D) early

Appendix

Appendix

Appendix

Appendix

Appendix

Appendix

Appendix

 필수단어

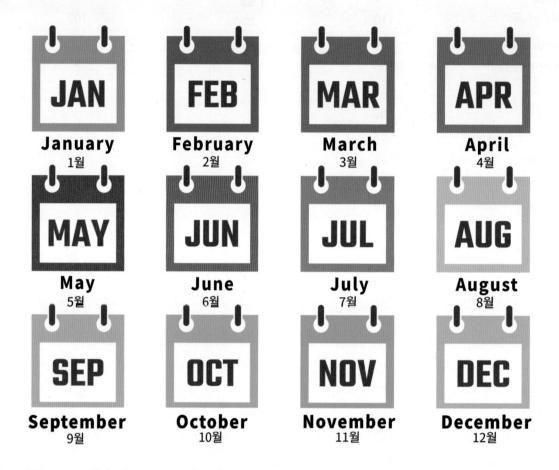

January 1월 **February** 2월 **March** 3월 **April** 4월

May 5월 **June** 6월 **July** 7월 **August** 8월

September 9월 **October** 10월 **November** 11월 **December** 12월

Tuesday 화요일 **Thursday** 목요일 **Saturday** 토요일

MON   TUE   WED   THU   FRI   SAT   SUN

Monday 월요일 **Wednesday** 수요일 **Friday** 금요일 **Sunday** 일요일

spring
봄

summer
여름

fall
가을

winter
겨울

who
누가

what
무엇

where
어디서

when
언제

why
왜

how
어떻게

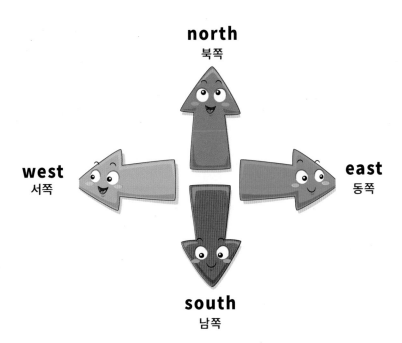

north
북쪽

west
서쪽

east
동쪽

south
남쪽

Appendix

 문법용어

접속사	**than**	~보다
부사	**also**	도, 또한
접속사	**and**	그리고
접속사	**but**	그러나
부사	**too**	역시
부사	**then**	그때, 그러면
전치사	**about**	~에 대한
한정사	**most**	가장
대명사	**nothing**	아무것도

접속사	**because**	왜냐하면
부사	**just**	단지
접속사	**or**	또는
전치사	**with**	~와 함께
접속사	**so**	그래서
전치사	**by**	~옆에
조동사	**should**	~해야 한다
한정사	**less**	더 적은

Answers

Short Answers

UNIT 1 ▶ Part D p.22

✏️ 1. (a) blouse	(b) cap	(c) vest	(d) pants	(e) gloves
✏️ 2. sh<u>oulder</u>	be<u>ll</u>y	wa<u>ist</u>	<u>f</u>eet	
✏️ 3. (1) glasses	(2) teeth	(3) blouse	(4) size	
🔊 4. (1) (a) suit	(2) (b) throat			

▶ Self Test p.24

✏️ ❶ 01 의상	02 beard	03 피부	04 목걸이	05 pants	06 혀	07 waist	08 옷장	09 size	10 정장
✏️ 11 배	12 lip	13 콧수염	14 shoulder	15 조끼	16 sweater	❷ 01 throat	02 gloves, scarf	

UNIT 2 ▶ Part D p.30

🔤 1. (1) engineer	(2) lawyer	(3) scientist	(4) soldier	(5) model	(6) king
🔊 2. (1) (c) banker	(2) (a) mail carrier				
✏️ 3. (1) musician	(2) parents				

▶ Self Test p.32

✏️ ❶ 01 king	02 사무실	03 사람	04 police officer	05 은행원	06 role	07 부모	08.president	09 musician	10 wedding
✏️ 11 기술자, 수리공	12 vet	13 세빵사	14 busy	15 lawyer	16 농부	❷ 01 dream, firefighter	02 famous, singer	

UNIT 3 ▶ Part D p.38

✏️ 1. 1→fun	1↓ ugly	2→glad	2↓ age
✏️ 2. (1) (b)	(2) (b)		
✏️ 3. (1) worry	(2) love		
🔊 4. (1) (b) weak	(2) (b) hate		

▶ Self Test p.40

✏️ ❶ 01 시끄러운	02 healthy	03 강한	04 alone	05 tired	06 사랑하다	07 kind	08 신이 난	09.조심하는	10 즐거운
✏️ 11 great	12 little	13 나이	14 brave	15 깨끗한	16 best	❷ 01 glad	02 Please, dirty	

TOSEL 실전문제 1

1. (B)	2. (A)	3. (C)	4. (C)	5. (B)

UNIT 4 ▶ Part D p.50

✏️ 1. 예시: Monday-history, Tuesday-music, Wednesday-science, Thursday-math, Friday-Chinese			
🔊 2. (1) (b) classroom	(2) (a) speak		
✏️ 3. (1) textbook	(2) smart	(3) Answer	(4) grade

▶ Self Test p.52

✏️ ❶ 01 textbook	02 역사	03 종이	04 classroom	05 틀린	06 grade	07 word	08 철자를 말하다	09 수학	10 ask
✏️ 11 똑똑한	12 science	13 대답	14 teach	15 repeat	16 과목	❷ 01 art	02 questions	

UNIT 5 ▶ Part D p.58

✏️ 1. (1) badminton	(2) table tennis	(3) football		
✏️ 2. (a) push	(b) carry	(c) catch	(d) pull	(e) throw
🔊 3. (1) (b) race	(2) (b) stretch			
✏️ 4. (1) uniform	(2) jog			

▶ Self Test p.60

✏️ ❶ 01 공정한	02 talent	03 기록	04 exercise	05 catch	06 운동장	07 fall	08 유니폼	09 가입하다	10 hobby
✏️ 11 경기	12 roll	13 빠른	14 나르다	15 race	16 끌다	❷ 01 leader	02 talent, badminton	

UNIT 6 ▶ Part D p.66

✏️ 1. 1→drive	1↓ drop	2→hurry	2↓ reach
✏️ 2. (1) (b)	(2) (b)		
✏️ 3. (1) Put	(2) get		
🔊 (1) (a) always	(2) (b) know		

▶ Self Test p.68

✏️ ❶ 01 finish	02 자주	03 put	04 습관	05 빌리다	06 find	07 always	08 먹이를 주다	09.운전하다	10 never
✏️ 11 지나가다	12 drop	13 부수다	14 well	15 유지하다	16 sometimes	❷ 01 ready	02 forget, feed	

TOSEL 실전문제 2

1. (A)	2. (C)	3. (B)	4. (D)	5. (B)

UNIT 7 ⬤ Part D p.78		1. (1) restaurant (2) museum (3) library (4) hospital (5) bookstore (6) stadium							
	🔊	2. (1) (a) inside	(2) (c) across						
	✏	3. (1) straight	(2) station						
Self Test p.80	✏	❶ 01 visit	02 across	03 박물관	04 street	05 마을	06 시장	07 between	08 수영장	09. 모서리	10 building
	✏	11 world	12 내부의	13 경기장	14 next	15 병원	16 around	❷ 01 outside		02 building, town
UNIT 8 ⬤ Part D p.86	✏	1. (a) orange	(b) salad		(c) pie		(d) potato		(e) pizza
	✏	2. (1) (a)	(2) (a)						
	✏	3. (1) piece	(2) dinner						
	🔊	4. (1) (b) watermelon	(2) (a) onion						
Self Test p.88	✏	❶ 01 orange	02 먹다	03 flour	04 pasta	05 맛있는	06 potato	07 음료	08 버터	09 pumpkin	10 야채
	✏	11 cook	12 점심	13 onion	14 설탕	15 수박	16carrot	❷ 01 Bring		02 vegetable
UNIT 9 ⬤ Part D p.94		1. (1) listen	(2) show	(3) watch	(4) tell	(5) smell	(6) say
	🔊	2. (1) (a) brush	(2) (b) soft				
	✏	3. (1) hurt	(2) Share				
Self Test p.96	✏	❶ 01 울리다	02 listen	03 무거운	04 watch	05 say	06 소음	07 솔직한	08 바라다	09 beautiful	10 보여 주다
	✏	11 wash	12 달콤한	13 hurt	14.밝은	15 채우다	16 really	❷ 01 talk		02 hope, light
TOSEL 실전문제 3		1. (A)		2. (A)		3. (C)		4. (D)		5. (D)

UNIT 10 ⬤ Part D p.106	✏	1. (a) wolf	(b) giraffe	(c) turtle	(d) butterfly	(e) chicken			
	✏	2. (1) (b)	(2) (a)						
	🔊	3. (1) (a) wing	(2) (c) ocean						
	✏	4. (1) zoo	(2) spot						
Self Test p.108	✏	❶ 01 pet	02 날개	03 코끼리	04 chicken	05 pond	06 벌레	07 wild	08 앵무새	09 나비	10 fur
	✏	11 고래	12 zoo	13 worm	14 사막	15 기린	16 ox	❷ 01 animal		02 dolphin
UNIT 11 ⬤ Part D p.114		1. (1) rainbow (2) plant	(3) leaf	(4) backpack (5) stone	(6) boat			
	✏	2. (1) warm	(2) nature					
	🔊	3. (1) (b) lake	(2) (c) safe					
Self Test p.116	✏	❶ 01 날씨	02 ground	03 마당	04 vacation	05 시골, 나라	06 소풍	07 trip	08 안전한	09 도착하다	10 grow
	✏	11 shine	12 자연	13 육지	14 leaf	15 시원한	16 farm	❷ 01 weather		02 clear, wide
UNIT 12 ⬤ Part D p.122	✏	1. 1→children	1↓diary	2→trash	2↓save			
	✏	2.(1) (b)	(2) (a)					
	🔊	3.(1) (b) painting	(2) (c) lie					
	✏	4.(1) wait	(2) call					
Self Test p.124	✏	❶ 01 ticket	02 포스터	03 눕다	04 add	05 painting	06 끝	07 build	08 기다리다	09 유리(잔)	10 샤워를 하다
	✏	11 trash	12 선물	13 wheel	14 어른	15 invite	16 수첩	❷ 01 children		02 meet, wall
TOSEL 실전문제 4		1. (C)		2. (B)		3. (A)		4. (A)		5. (A)

UNIT 13 ⬤ Part D p.134	✏	1. (a) mat	(b) bowl	(c) box	(d) table	(e) lamp			
	✏	2. (1) (a)	(2) (b)						
	✏	3. (1) kitchen	(2) block						
	🔊	4. (1) (a) knife	(b) refrigerator						
Self Test p.136	✏	❶ 01 침실	02 lamp	03 mat	04 공간	05 bowl	06 책장	07 거울	08 소파	09 fan	10 냉장고
	✏	11 toilet	12 바구니	13 knife	14 curtain	15 식당	16 비누	❷ 01 table		02 teddy bear
UNIT 14 ⬤ Part D p.142	✏	1. hours, minutes							
	✏	2. (1) (a)	(2) (b)						
	🔊	3. (1) (b) minute	(2) (c) before						
	✏	4. (1) early	(2) Fold						
Self Test p.144	✏	❶ 01 today	02 일주일	03 늦은	04 together	05 ~뒤에	06 center	07 시간	08 비싼	09 evening	10 fold
	✏	11 이른	12 오후	13 same	14 어느	15 before	16 휴가	❷ 01 expensive		02 someday
UNIT 15 ⬤ Part D p.150		1. (1) monster (2) train	(3) snowman (4) ice	(5) swing	(6) flute			
	🔊	2. (1) (b) discount	(2) (a) new					
	✏	3. (1) some	(2) large					
Self Test p.152	✏	❶ 01 새로운	02 over	03 많은	04 기차	05 some	06 둘다	07 change	08 그네	09 할인	10 graph
	✏	11 option	12 자신의	13 balloon	14 담요	15 모으다	16 ladder	❷ 01 loaf		02 much, broom
TOSEL 실전문제 5		1. (A)		2. (C)		3. (A)		4. (D)		5. (A)

Chapter 1

Unit 1 | Body & Clothes p.17

Part D

Exercise 1. p.22

(a) blouse (b) cap (c) vest (d) pants (e) gloves

Exercise 2. p.22

shoulder, belly, waist, feet

Exercise 3. p.23

(1) glasses (2) teeth (3) blouse (4) size

Exercise 4. p.24

1. (a) suit   2. (b) throat

🔆 Unit 1. Self Test p.24

(1)

01. (연극) 의상	02. beard	03. 피부	04. 목걸이
05. pants	06. 혀	07. waist	08. 옷장
09. size	10. 정장	11. 배	12. lip
13. 콧수염	14. shoulder	15. 조끼	16. sweater

(2)

01. throat
02. gloves, scarf

Unit 2 | Jobs p.25

Part D

Exercise 1. p.30

(1) engineer   (2) lawyer   (3) scientist
(4) soldier   (5) model   (6) king

Exercise 2. p.31

1. (c) banker   2. (a) mail carrier

Exercise 3. p.31

(1) musician   음악가는 기타를 연주합니다.
(2) parents   그들은 나의 부모님입니다.

🔆 Unit 2. Self Test p.32

(1)

01. king	02. 사무실	03. 사람	04. poilce officer
05. 은행원	06. role	07. 부모	08. president
09. musician	10. wedding	11. 기술자, 수리공	12. vet
13. 제빵사	14. busy	15. lawyer	16. 농부

(2)

01. dream, firefighter
02. famous, singer

Unit 3 | Emotion & Expression

p.33

Part D

Exercise 1. p.38

1→fun 1↓ugly 2→glad 2↓age

Exercise 2. p.38

1. (b)   2. (b)

Exercise 3. p.39

1. worry   나는 당신이 아파서 걱정됩니다.
2. love   나는 나의 할아버지를 사랑합니다.

Exercise 4. p.39

1. (b) weak   2. (b) hate

✳ Unit 3. Self Test p.40

(1)

01. 소리가 큰, 시끄러운	02. healthy	03. 강한, 튼튼한	04. alone
05. tired	06. 사랑하다 사랑	07. kind	08. 신이 난, 들뜬
09. 조심하는, 주의 깊은	10. 즐거운, 재미	11. great	12. little
13. 나이	14. brave	15. 깨끗한, 청소하다	16. best

(2)

01. glad
02. Please, dirty

---

1. (B)

Boy: What is your dream?
Girl: I want to be a musician.

해석 소년: 네 꿈이 뭐야?
    소녀: 나는 음악가가 되고 싶어.

Question What does the girl want to be?
        여자 아이는 무엇이 되고 싶어 하는가?

풀이 꿈이 무엇인지 묻는 남자 아이의 질문에 여자 아이는 음악가라고
    답했으므로 (B)가 정답입니다.

관련 어휘 police officer 경찰관, musician 음악가 (Unit 2)

2. (A)

Boy: May I help you?
Girl: I'm looking for a jacket.

해석 소년: 도와드릴까요?
    소녀: 저는 재킷을 찾고 있는 중이에요.

Question What is the girl looking for?
        여자 아이가 무엇을 찾고 있는가?

풀이 도움이 필요한지 묻는 남자 아이의 질문에 여자 아이는 재킷을
    찾고 있다고 했으므로 (A)가 정답입니다.

관련 어휘 jacket 재킷, pants 바지 (Unit 1)

3. (C)

해석 The room is clean.
    방이 깨끗하다.

보기 (A) fun   즐거운   (B) dirty   더러운
    (C) clean   깨끗한   (D) messy   지저분한

풀이 그림은 정리 정돈된 방을 묘사하고 있으므로 (C)가 정답입니다.

관련 어휘 fun 즐거운, 재미, dirty 더러운, clean 깨끗한 (Unit 3)

4. (C)

해석 Clothes are in the closet.
    옷들이 옷장에 있다.

보기 (A) box   상자   (B) table   탁자
    (C) closet   옷장   (D) backpack 책가방

풀이 옷장에 많은 옷가지들이 걸려 있는 그림이므로 (C)가 정답입니다.

관련 어휘 closet 옷장 (Unit 1)

5. (B)

해석 My baby brother feels sleepy.
    내 아기 남동생은 졸리다.

보기 (A) brave   용감한   (B) sleepy   졸린
    (C) strong   강한   (D) excited   신이 난

풀이 갓난아기가 하품을 하고 있는 모습을 묘사하고 있는 그림이므로
    (B)가 정답입니다.

관련 어휘 brave 용감한, sleepy 졸린, strong 강한, excited 신이 난 (Unit 3)

Chapter 2

Unit 4 | School
p.45

Part D

Exercise 1. 예시
p.50

Monday - history, Tuesday - music
Wednesday - science, Thursday - math
Friday - Chinese

Exercise 2.
p.51

1. (b) classroom   2. (a) speak

Exercise 3.
p.51

(1) textbook (2) smart (3) Answer (4) grade

Unit 4. Self Test
p.52

(1)

01. textbook	02. 역사	03. 종이	04. classroom
05. 틀린 잘못된	06. grade	07. word	08. 철자를 말하다[쓰다]
09. 수학	10. ask	11. 똑똑한, 영리한	12. science
13. 대답, 대답하다	14. teach	15. repeat	16. 과목

(2)
01. art
02. questions

Unit 5 | Sports & Exercise
p.53

Part D

Exercise 1.
p.58

(1) badminton (2) table tennis (3) football

Exercise 2.
p.58

(a) push   (b) carry   (c) catch
(d) pull   (e) throw

Exercise 3.
p.59

1. (b) race   2. (b) stretch

Exercise 4.
p.59

(1) uniform 유니폼이 사물함 안에 있습니다.
(2) jog 나는 아침에 조깅을 합니다.

Unit 5. Self Test
p.60

(1)

01. 공정한	02. talent	03. 기록	04. exercise
05. catch	06. 운동장	07. fall	08. 유니폼, 단체복
09. 가입하다	10. hobby	11. 경기	12. roll
13. 빠른	14. 들고 있다, 나르다	15. race	16. 끌다, 당기다

(2)
01. leader
02. talent, badminton

Unit 6 | Action   p.61

Part D

Exercise 1.   p.66

1→drive 1↓drop 2→hurry 2↓reach

Exercise 2.   p.66

(1) (b)   (2) (b)

Exercise 3.   p.67

(1) Put 탁자 위에 상자를 놓으세요.
(2) get 상자에서 펜을 얻을 수 있습니다.

Exercise 4.   p.67

1. (a) always   2. (b) know

Unit 6. Self Test   p.68

(1)

01. finish	02.자주, 보통	03. put	04. 습관
05. 빌리다	06. find	07. always	08.먹이를 주다
09. 운전하다	10. never	11. 지나가다, 통과하다	12. drop
13. 부수다, 고장나다	14. well	15. 유지하다, 보존하다	16. sometimes

(2)

01. ready
02. forget, feed

TOSEL 실전문제 2

1. (A)

Boy: What are you doing?
Girl: I'm feeding my dog.

해석 소년: 너 뭐하는 중이야?
소녀: 내 개한테 먹이를 주는 중이야.

Question What is the girl doing?
여자 아이는 무엇을 하는 중인가?

풀이 무엇을 하는지 묻는 남자 아이의 질문에 여자 아이는 자신의
개에게 먹이를 주는 중이라고 했으므로 (A)가 정답입니다.

관련 어휘 feed 먹이를 주다 (Unit 6)

2. (C)

Boy: What do you do after school?
Girl: I play badminton with my friend.

해석 소년: 너 방과 후에 뭐 하니?
소녀: 나는 내 친구랑 배드민턴을 해.

Question What does the girl do after school?
방과 후 여자 아이는 무엇을 하는가?

풀이 방과 후 일정을 묻는 남자 아이의 질문에 여자 아이는 친구와 함께
배드민턴을 친다고 했으므로 (C)가 정답입니다.

관련 어휘 badminton 배드민턴 (Unit 5)

3. (B)

해석 My cat likes to hide under the bed.
내 고양이는 침대 아래에 숨는 것을 좋아한다.

보기 (A) run   달리다   (B) hide   숨다
(C) jump   뛰어오르다   (D) climb   오르다

풀이 그림은 침대 아래에 있는 고양이를 묘사하고 있으므로 (B)가 정답입니다.

관련 어휘 hide 숨다, climb 오르다 (Unit 6)

4. (D)

해석 He catches a ball.
그는 공을 잡는다.

보기 (A) pulls   당기다   (B) misses   놓치다
(C) throws   던지다   (D) catches   잡다

풀이 남자 아이가 축구공을 잡는 모습을 묘사하고 있으므로 (D)가 정답입니다.

관련 어휘 catch 잡다, throw 던지다 (Unit 5)

5. (B)

해석 I like music class.
나는 음악 수업을 좋아한다.

보기 (A) art   미술   (B) music   음악
(C) history 역사   (D) science   과학

풀이 그림은 남자 아이가 기타를 치며 즐거워 하는 모습이므로,
(B)가 정답입니다.

관련 어휘 art 미술, music 음악, history 역사, science 과학 (Unit 4)

Chapter 3

Unit 7 | Place
p.73

Part D

Exercise 1. p.78

(1) restaurant   (2) museum   (3) library
(4) hospital   (5) bookstore   (6) stadium

Exercise 2. p.79

1. (a) inside   2. (c) across

Exercise 3. p.79

(1) straight   쭉 가서 모퉁이에서 우회전 하세요.
(2) station   나는 정거장에서 버스를 기다리고 있다.

Unit 7. Self Test p.80

(1)

01. visit	02. across	03. 박물관	04. street
05. 마을	06. 시장	07. between	08. 수영장
09. 모서리, 모퉁이	10. building	11. world	12. 내부의, ~안에[으로]
13. 경기장	14. next	15. 병원	16. around

(2)

01. outside
02. building, town

Unit 8 | Food
p.81

Part D

Exercise 1. p.86

(a) orange (b) salad (c) pie (d) potato (e) pizza

Exercise 2. p.86

1. (a)   2. (a)

Exercise 3. p.87

(1) piece   케이크 한 조각입니다.
(2) dinner   저녁으로 무엇을 먹고 싶습니까?

Exercise 4. p.87

1. (b) watermelon   2. (a) onion

Unit 8. Self Test p.88

(1)

01. orange	02. (음식을) 먹다	03. flour	04. pasta
05. 맛있는	06. potato	07. 음료, 마시다	08. 버터
09. pumpkin	10. 야채, 채소	11. cook	12. 점심(식사)
13. onion	14. 설탕	15. 수박	16. carrot

(2)

01. Bring
02. vegetable

Unit 9 | Sense
p.89

Part D

Exercise 1.
p.94

[1] listen   [2] show   [3] watch
[4] tell   [5] smell   [6] say

Exercise 2.
p.95

1. (a) brush   2. (b) soft

Exercise 3.
p.95

[1] hurt   코알라들은 다쳤습니다.
[2] Share   도서 전시회에서 당신의 오래된 책들을 나누세요.

Unit 9. Self Test
p.96

(1)

01. 울리다	02. listen	03. 무거운	04. watch
05. say	06. 소음	07. 솔직한	08. 바라다, 희망하다
09. beautiful	10. 보여 주다	11. wash	12. 달콤한, 향기로운
13. hurt	14. 밝은, 연한, 빛	15. 채우다, 채워지다	16. really

(2)

01. talk
02. hope, light

---

1. **(A)**

해석 Girl: We like to spend time in the library.
소녀: 우리는 도서관에서 시간을 보내는 것을 좋아한다.
풀이 많은 학생들이 도서관에 모여 책을 읽고 있는 모습으로 (A)가 정답입니다.
관련 어휘 library 도서관, museum 박물관 (Unit 7)

2. **(A)**

해석 Boy: Let's have some watermelon.
소년: 우리 수박 좀 먹자.
풀이 수박을 먹자고 했으므로 (A)가 정답입니다.
관련 어휘 watermelon 수박, pumpkin 호박 (Unit 8)

3. **(C)**

해석 Girl: I'm listening to my favorite music.
소녀: 나는 내가 좋아하는 음악을 듣고 있는 중이야.
풀이 여자 아이가 자신이 좋아하는 음악을 듣고 있는 중이라고 했으므로 (C)가 정답입니다.
관련 어휘 cook 요리하다 (Unit 8), listen (귀 기울여) 듣다 (Unit 9)

4. **(D)**

해석 They are in a museum.
그들은 박물관에 있다.
보기 (A) gym   체육관   (B) park   공원
     (C) library   도서관   (D) museum   박물관
풀이 아이들이 조각상 등 미술품을 관람하고 있는 모습이므로 (D)가 정답입니다.
관련 어휘 library 도서관, museum 박물관 (Unit 7)

5. **(D)**

해석 The bank is across from the school.
은행은 학교 건너편에 있다.
보기 (A) far   멀리   (B) next   다음의
     (C) inside   안에   (D) across   건너서
풀이 횡단보도를 건너 학교 맞은편에 은행이 위치하고 있는 그림이므로 (D)가 정답입니다.
관련 어휘 next 다음의, inside 내부의, ~안에[으로]
     across 건너서, 가로질러 (Unit 7)

Chapter 4

Unit 10 | Animals p.101

Part D

Exercise 1. p.106

(a) wolf (b) giraffe (c) turtle
(d) butterfly (e) chicken

Exercise 2. p.106

1. (b) 2. (a)

Exercise 3. p.107

1. (a) wing 2. (c) ocean

Exercise 4. p.107

(1) zoo 동물원에는 많은 동물들이 있습니다.
(2) spot 내 개는 머리에 검정색 반점이 있습니다.

Unit 10. Self Test p.108

(1)

01. pet	02. 날개	03. 코끼리	04. chicken
05. pond	06. 벌레, 작은 곤충	07. wild	08. 앵무새
09. 나비	10. fur	11. 고래	12. zoo
13. worm	14. 사막	15. 기린	16. ox

(2)
01. animal
02. dolphin

Unit 11 | Nature p.109

Part D

Exercise 1. p.114

(1) rainbow (2) plant (3) leaf
(4) backpack (5) stone (6) boat

Exercise 2. p.115

(1) warm 나는 따뜻한 자켓을 입습니다.
(2) nature 나는 자연에서 걷는 것을 좋아합니다.

Exercise 3. p.115

1. (b) lake 2. (c) safe

Unit 11. Self Test p.116

(1)

01. 날씨	02. ground	03. 마당, 뜰	04. vacation
05. 시골, 나라	06. 소풍	07. trip	08. 안전한
09. 도착하다	10. grow	11. shine	12. 자연
13. 육지	14. leaf	15. 시원한	16. farm

(2)
01. weather
02. clear, wide

Unit 12 | Daily Life　　　　　　p.117

Part D

Exercise 1.　　　　　　　　　　p.122

1→children　1↓diary　2→trash　2↓save

Exercise 2.　　　　　　　　　　p.122

(1) (b)　　　　　　　　(2) (a)

Exercise 3.　　　　　　　　　　p.123

(1) (b) painting　　　　　(2) (c) lie

Exercise 4.　　　　　　　　　　p.123

1. wait　초록불을 기다려야 합니다.
2. call　가끔, 사람들이 나를 토끼라고 부릅니다.

Unit 12. Self Test　　　　　　p.124

(1)

01. ticket	02. 포스터	03. 눕다, 누워있다	04. add
05. painting	06. 끝, 끝내다	07. build	08. 기다리다
09. 유리(잔)	10. 샤워를 하다	11. trash	12. 선물
13. wheel	14. 어른	15. invite	16. 수첩, 일기

(2)

01. children
02. meet, wall

---

1. (C)

해석 Girl: Oh, there's a rainbow!
　　소녀: 와, 저기에 무지개가 있어!
풀이 소녀가 무지개가 있다고 했으므로 무지개 그림 (C)가 정답입니다.
관련 어휘 rainbow 무지개 (Unit 11)

2. (B)

해석 Boy: Don't forget to bring the ticket.
　　소년: 표(입장권) 가져오는 거 잊으면 안돼.
풀이 소년이 표를 가져오라고 했으므로 (B)가 정답입니다.
관련 어휘 money 돈, ticket 표, 입장권 (Unit 12)

3. (A)

해석 Girl: I want to see an elephant.
　　소녀: 나는 코끼리가 보고 싶어.
풀이 소녀가 코끼리가 보고 싶다고 했으므로 (A)가 정답입니다.
관련 어휘 elephant 코끼리, puppy 강아지 (Unit 10)

4. (A)

해석 There are children in the classroom.
　　교실에 아이들이 있다.
보기 (A) children　　아이들　　(B) teachers　　선생님들
　　(C) paintings　　그림들　　(D) backpacks　　배낭들
풀이 그림은 아이들이 교실에서 학습을 하고 있는 모습을 묘사하고
　　있으므로 (A)가 정답입니다.
관련 어휘 children 아이들, painting 그림 (Unit 12)
　　　　backpack 배낭 (Unit 11)

5. (A)

해석 The man sells the tickets.
　　남자는 표를 판매한다.
보기 (A) sells　　팔다　　(B) buys　　사다
　　(C) saves　　모으다　　(D) packs　　(짐을) 싸다
풀이 그림은 남자가 매표소에서 기차표를 판매하는 것을 묘사하고
　　있으므로 (A)가 정답입니다.
관련 어휘 ticket 표, 입장권, sell 팔다, save (돈) 모으다,
　　　　pack (짐을) 싸다 (Unit 12)

Chapter 5

Unit 13 | House p.129

Part D

Exercise 1. p.134

(a) mat (b) bowl (c) box (d) table (e) lamp

Exercise 2. p.134

1. (a)   2. (b)

Exercise 3. p.135

(1) kitchen 나의 어머니는 주방에서 요리를 하십니다.
(2) block 소년이 블록을 들고 있습니다.

Exercise 4. p.135

1. (a) knife   2. (b) refrigerator

Unit 13. Self Test p.136

(1)

01. 침실	02. lamp	03. mat	04. 공간, 장소
05. bowl	06. 책장	07. 거울	08. 소파
09. fan	10. 냉장고	11. toilet	12. 바구니
13. knife	14. curtain	15. 식당	16. 비누

(2)
01. table
02. teddy bear

Unit 14 | Time p.137

Part D

Exercise 1. p.142

hours, minutes

Exercise 2. p.142

1. (a)   2. (b)

Exercise 3. p.143

1. (b) minute   2. (c) before

Exercise 4. p.143

(1) early 나는 매일 일찍 일어납니다.
(2) Fold 종이를 세모로 접으세요.

Unit 14. Self Test p.144

(1)

01. today	02. 주, 일주일	03. 늦은	04. together
05. ~뒤에[후에]	06. center	07. 시간	08. 비싼
09. evening	10. fold	11. 이른, 일찍	12. 오후
13. same	14. 어느, 어떤	15. before	16. 휴가

(2)
01. expensive
02. someday

Unit 15 | Objects
p.145

Part D

Exercise 1.
p.150

[1] monster   (2) train   (3) snowman
[4] ice   (5) swing   (6) flute

Exercise 2.
p.151

1. (b) discount   2. (a) new

Exercise 3.
p.151

(1) some   엄마, 컵케이크 좀 먹어도 되나요?
(2) large   그것은 큰 집입니다.

💡 **Unit 15. Self Test**
p.152

(1)

01. 새로운	02. over	03. 많은, 매우	04. 기차, 열차
05. some	06. 둘 다	07. change	08. 그네
09. 할인, 할인하다	10. graph	11. option	12. 자신의 [~의] (소유)
13. balloon	14. 담요	15. 모으다, 수집하다	16. ladder

(2)

01. loaf
02. much, broom

---

1. (A)

해석 Boy: The new house has a big kitchen.
　　소년: 새로운 집은 큰 주방을 가지고 있다.
풀이 큰 주방이 있는 집이라고 했으므로 (A)가 정답입니다.
관련 어휘 kitchen 주방, bedroom 침실, bathroom 화장실 (Unit 13)

2. (C)

해석 Girl: I have a busy schedule this month.
　　소녀: 나는 이번 달에 바쁜 일정이 있다.
풀이 이번 달에 바쁜 일정이 있다고 했으므로, 달력을 묘사하는 그림
　　(C)가 정답입니다. 그림 (A)는 하루 일과를 묘사하고 있고, 그림
　　(B)는 일주일을 표현하고 있으므로 오답입니다.
관련 어휘 day 하루, 날, week 주, 일주일 (Unit 14)

3. (A)

해석 Boy: There's a lamp in my bedroom.
　　소년: 내 침실에 램프가 있다.
풀이 침실에 램프(등)가 있다고 했으므로 (A)가 정답입니다.
관련 어휘 bedroom 침실, lamp 램프, 등 (Unit 13)

4. (D)

해석 He is making hats out of <u>balloons</u>.
　　그는 풍선으로 모자를 만든다.
보기 (A) cards　　카드　　(B) cookies　쿠키
　　(C) bubbles　거품　　(D) balloons　풍선
풀이 그림은 남자가 아이들에게 풍선으로 모자를 만들어 주는 것을
　　묘사하고 있으므로 (D)가 정답입니다.
관련 어휘 balloon 풍선 (Unit 15)

5. (A)

해석 He was late for school.
　　그는 학교에 늦었다.
보기 (A) late　　늦은　　(B) first　　먼저
　　(C) wait　　기다리다　　(D) early　이른
풀이 그림은 남자 아이가 책가방을 메고 바삐 뛰어가는 모습을
　　묘사하고 있으므로 (A)가 정답입니다.
관련 어휘 late 늦은, early 이른, 일찍 (Unit 14)

MEMO

MEMO

MEMO

TOSEL® Lab
국제토셀위원회 지정교육기관

공동기획   - 고려대학교 문과대학 언어정보연구소
   - 국제토셀위원회

TOSEL Lab 국제토셀위원회 지정교육기관이란?

국내외 15,000여 개 학교·학원 단체응시인원 중 엄선한 100만 명 이상의 실제 TOSEL 성적 데이터와,
정부(과학기술정보통신부)의 AI 바우처 지원 사업 수행기관 선정으로 개발된 맞춤식 AI 빅데이터 기반 영어성장 플랫폼입니다.

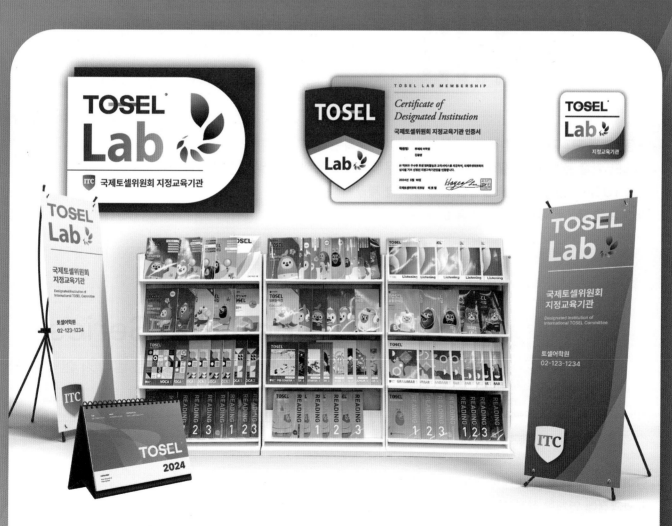

※ TOSEL Lab 지정교육기관 제공물품

Reading Series

내신과 **토셀 고득점**을 한꺼번에

Pre-Starter | Starter | Basic | Junior | High-Junior

- 각 단원 학습 도입부에 주제와 관련된 이미지를 통한 말하기 연습
- 각 Unit 별 4-6개의 목표 단어 제시, 그림 또는 영문으로 단어 뜻을 제공하여 독해 학습 전 단어 숙지
- 독해&실용문 연습을 위한 지문과 Comprehension 문항을 10개씩 수록하여 이해도 확인 및 진단
- 숙지한 독해 지문을 원어민 음성으로 들으며 듣기 학습 , 듣기 전, 듣기 중, 듣기 후 학습 커리큘럼 마련

Listening Series

한국 학생들에게 최적화된 듣기 실력 완성!

Pre-Starter | Starter | Basic | Junior | High-Junior

- 초등 / 중등 교과과정 연계 말하기&듣기 학습과 세분화된 레벨
- TOSEL 기출 문장과 실생활에 자주 활용되는 문장 패턴을 통해 듣기 및 말하기 학습
- 실제 TOSEL 지문의 예문을 활용한 실용적 학습 제공
- 실전 감각 향상과 점검을 위한 기출 문제 수록

Speaking Series

한국 학생들에게 최적화된 말하기 실력 완성!

Pre-Starter | Starter | Basic | Junior | High-Junior

- 단어 → 문법 → 표현 → 대화로 이어지는 단계적인 학습
- 교과과정에 연계한 설계로 내신과 수행평가 완벽 대비
- 최신 수능 출제 문항을 반영한 문장으로 수능 대비까지
- 전국 Speaking 올림피아드 공식 대비 교재

Grammar Series

체계적인 단계별 **문법 지침서**

Pre-Starter | Starter | Basic | Junior | High-Junior

- 초등 / 중등 교과과정 연계 문법 학습과 세분화된 레벨
- TOSEL 기출 문제 연습과 최신 수능 출제 문법을 포함하여 수능 / 내신 대비 가능
- 이해하기 쉬운 그림, 깔끔하게 정리된 표와 설명, 다양한 문제를 통해 문법 학습
- 실전 감각 향상과 점검을 위한 기출 문제 수록

Voca Series

학년별 꼭 알아야하는 **단어 수록!**

Pre-Starter | Starter | Basic | Junior | High-Junior

- 각 단어 학습 도입부에 주제와 관련된 이미지를 통한 말하기 연습
- TOSEL 시험을 기준으로 빈출 지표를 활용한 예문과 문제 구성
- 실제 TOSEL 지문의 예문을 활용한 실용적 학습 제공
- 실전 감각 향상과 점검을 위한 실전 문제 수록

Story Series

읽는 재미에 실력까지 **동시에!**

Pre-Starter | Starter | Basic | Junior

- 초등 / 중등 교과과정 연계 영어 학습과 세분화된 레벨
- 이야기 지문과 단어를 함께 연결지어 학생들의 독해 능력을 평가
- 이해하기 쉬운 그림, 깔끔하게 정리된 표와 설명, 다양한 문제, 재미있는 스토리를 통한 독해 학습
- 다양한 단계의 문항을 풀어보고 학생들의 읽기, 듣기, 쓰기, 말하기 실력을 집중적으로 향상

TOSEL Lab 에는 어떤 콘텐츠가 있나요?

진단 맞춤형 레벨테스트로
정확한 평가 제공

응시자 빅데이터 분석에 기반한
테스트로 신규 상담 학생의
영어능력을 정확하게 진단하고
효과적인 영어 교육을 실시하기
위한 객관적인 가이드라인을
제공합니다.

교재 세분화된 레벨로
실력에 맞는 학습 제공

TOSEL의 세분화된 교재 레벨은
각 연령에 맞는 어휘와 읽기
지능 및 교과 과정과의 연계가
가능하도록 설계된 교재들로
효과적인 학습 커리큘럼을
제공합니다.

학습 다양한 교재연계 콘텐츠로
효과적인 자기주도학습

TOSEL 시험을 대비한 다양한
콘텐츠를 제공해 영어 학습에
시너지 효과를 기대할 수
있으며, 학생들의 자기주도
학습 습관을 더 탄탄하게 키울
수 있습니다.

교재를 100% 활용하는 TOSEL Lab 지정교육기관의 노하우!

Teaching Materials

TOSEL에서 제공하는 수업 자료로
교재 학습을 더욱 효과적으로 진행!

Study Content

철저한 자기주도학습 콘텐츠로
교재 수업 후 효과적인 복습!

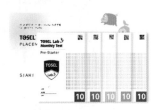

Test Content

교재 학습과 더불어 학생 맞춤형
시험으로 실력 점검 및 향상

100만 명으로 엄선된 **TOSEL**
성적 데이터로 탄생!

**TOSEL Lab 지정교육기관을 위한 콘텐츠로
더욱 효과적인 수업을 경험하세요.**

국제토셀위원회는 TOSEL Lab 지정교육기관에서 교재로 수업하는 학원을
위해 교재를 잘 활용할 수 있는 다양한 콘텐츠를 제공 및 지원합니다.

TOSEL° Lab 지정교육기관은

국제토셀위원회 직속 TOSEL연구소에서 20년 동안 보유해온 전국
15,000여 개 교육기관 토셀 응시자들의 영어성적 분석데이터를
공유받아, 통계를 기반으로 한 전문적이고 과학적인 커리큘럼을
설계하고, 영어학습 방향을 제시하여, 경쟁력있는 기관, 잘 가르치는
기관으로 해당 지역에서 입지를 다지게 됩니다.

**TOSEL Lab 지정교육기관으로 선정되기 위해서는
소정의 심사 절차가 수반됩니다.**

TOSEL Lab 심사신청